Großbritannien und der Schuman-Plan

Europäische Hochschulschriften

Publications Universitaires Européennes

European University Studies

Reihe III

Geschichte und ihre Hilfswissenschaften

Série III   Series III

Histoire, sciences auxiliaires de l'histoire

History and Allied Studies

Bd./Vol. 766

PETER LANG

Frankfurt am Main · Berlin · Bern · New York · Paris · Wien

Monika Rosengarten

Großbritannien und der Schuman-Plan

Politische und wirtschaftliche Faktoren in der britischen Haltung zum Schuman-Plan und zur Europäischen Gemeinschaft für Kohle und Stahl 1950-1954

PETER LANG
Europäischer Verlag der Wissenschaften

Die Deutsche Bibliothek - CIP-Einheitsaufnahme

Rosengarten, Monika:

Großbritannien und der Schuman-Plan : politische und wirtschaftliche Faktoren in der britischen Haltung zum Schuman-Plan und zur Europäischen Gemeinschaft für Kohle und Stahl 1950-1954 / Monika Rosengarten. - Frankfurt am Main ; Berlin ; Bern ; New York ; Paris ; Wien : Lang, 1997
(Europäische Hochschulschriften : Reihe 3, Geschichte und ihre Hilfswissenschaften ; Bd. 766)
ISBN 3-631-32503-7

ISSN 0531-7320
ISBN 3-631-32503-7

Meinen Eltern und Großeltern gewidmet

"In its attitude to a proposal of this kind His Majesty´s Government must have in mind the basic economic needs and security of the country ... ."

(Premierminister Attlee am 3. Juni 1950, in: Parliamentary Debates (Hansard), House of Commons, Official Report, Volume 476, London 1950, Sp. 37)

INHALTSVERZEICHNIS

DARSTELLUNGSVERZEICHNIS

ABKÜRZUNGSVERZEICHNIS

BISF	British Iron and Steel Federation
Bd.	Band
bzw.	beziehungsweise
CAB	Cabinet Office
Cmd	Command Paper
DBPO	Documents on British Policy Overseas
Ders	Derselbe
Diss.	Dissertation
DKV	Deutscher Kohleverkauf
ECSC	European Coal and Steel Community
ECE	Economic Commisson for Europe
EG	Europäische Gemeinschaft
EGKS	Europäische Gemeinschaft für Kohle und Stahl
EPB	Economic Planning Board
EPC	Economic Policy Committee
ESC	Economic Steering Committe
EU	Europäische Union
EWWU	Europäische Wirtschafts- und Währungsunion
FG Committee	Committee on Proposed Franco-German Coal and Steel Authority
FG (WP)	FG Committee Working Party
FO	Foreign Office
GATT	General Agreement for Tariffs and Trade
HC Debates	House of Commons Debates
HM Government	His Majesty´s Government
Hrsg.	Herausgeber

IAR	International Authority for the Ruhr
ICTR	The Iron and Coal Trades Review
LD	Linz-Donawitz-Stahl-Verfahren
Lux.	Luxemburg
masch.	maschinengeschrieben
NATO	North Atlantic Treaty Organization
NCB	National Coal Board
NEC	National Executive Committee
NUM	National Union of Mineworkers
OEEC	Organization for European Economic Co-operation
POWE	Ministry of Power and Fuel
PRO	Public Record Office
PUSC	Permanent Under-Secretary´s Committee
S.	Seite
Schuman-P.-L.	Schuman-Plan-Länder
SM	Siemens-Martin-Stahl-Verfahren
Sp.	Spalte
SPC	Schuman Plan Committee
t	Tonnen
T	Treasury
TUC	Trades Union Congress
u.	und
u. a.	unter anderem
UK	United Kingdom
Vgl.	Vergleiche
VN	Vereinte Nationen
z. B.	zum Beispiel

Vorwort

Die Haltung, die die britische Regierung gegenüber dem Vorschlag des französischen Außenministers, Robert Schuman, vom 9. Mai 1950, eine gemeinsame europäische Behörde für Kohle und Stahl zu errichten, eingenommen hat, ist bisher vorwiegend aus dem politischen Blickwinkel betrachtet worden. Die besonderen Beziehungen Großbritanniens zum Commonwealth einerseits und zu den USA andererseits aber auch die ungebrochenen Traditionen britischer Großmachtpolitik, so lautet die bisherige Interpretation, hätten die britische Regierung dazu bewogen, ihr Europa-Engagement zu begrenzen: man unterstützte die europäische Einigung, ohne an ihr partizipieren zu wollen. Andere politische Gründe traten unterstützend hinzu, wie die Brüskierung der britischen Regierung durch deren späte Information und die Forderung der französischen Regierung, den Plan ersteinmal als Ganzes zu akzeptieren, ehe man sich auf die Verhandlungen einließ. Die Verfasserin verwirft diese Interpretation nicht, sondern sie differenziert sie in stetiger Auseinandersetzung mit der neuesten Literatur; sie hält sie aber - und hier liegt ihr genuines Anliegen - für ergänzungsbedürftig. Die politische Perspektive müsse durch die wirtschaftliche Perspektive ergänzt werden; denn schließlich sei von Schumans Plan die britische Kohle- und Stahlindustrie betroffen gewesen. Ohne eine Analyse der damaligen Situation der britischen Montanindustrie könne man daher auch die britische Haltung zum Schuman-Plan nicht verstehen; denn es könne ja nicht ausgeschlossen werden, daß ökonomische Gründe für die britische Haltung eine entscheidende Rolle spielten.

Die Verfasserin geht dieser Fragestellung nach und unternimmt überdies den erfreulichen und angesichts zunehmender Spezialisierung unseres Faches immer seltener werdenden Versuch, die engen Grenzen der Teildisziplinen zu Gunsten einer auf breitere Zusammenhänge und Wechselbeziehungen zielenden Perspektive aufzubrechen.

Die Verfasserin hat diese schwierige Aufgabe gut gelöst. In handwerklich sauberer und gut lesbarer Form arbeitet sie heraus, daß sich die britische Montanindustrie erheblich von jener des Kontinents unterschied: Sie war die größte und modernste in Europa mit einem bis in die 60er Jahre anhaltenden Produktivitätsvorsprung vor dem Kontinent, sie war wenig auf Rohstoffimporte aus den Schuman-Plan-Ländern angewiesen, exportierte nur marginale Mengen an Stahl in diese Länder und besaß eine Reihe von Standort- und Kostenvorteilen, die bei einem Beitritt zur EGKS schwer zu behaupten gewesen wären. Ökonomisch sprach nicht nur wenig für die Gemeinschaft mit den Ländern des Kontinents, sondern einiges dagegen.

Interessant sind einige "Brücken" zwischen der politischen und der ökonomischen Perspektive, etwa wenn die Verfasserin herausarbeitet, daß man in London befürchtete, die "Imperial Preferences", d. h. die Vorzugszolltarife mit den Commonweath-Staaten, im Falle eines Beitritts zur Gemeinschaft aufgeben zu müssen. Im Unterschied zum Modernisierungsvorsprung, den die Verfasserin der britischen Montanindustrie attestiert, kommt hierin eine erhebliche Angst vor möglichen Liberalisierungswirkungen einer europäischen Kohle- und Stahlgemeinschaft zum Ausdruck. Auch Konkurrenzängste gegenüber der deutschen Industrie scheinen eine ähnliche Rolle gespielt zu haben, oder die Einschätzung der Gemeinschaft als neues Kartell. Insgesamt stellt sich also die Frage, ob das britische Bewußtsein, Kosten-, Standort- und Modernisierungsvorteile gegenüber den europäischen Ländern zu haben, den britischen Standpunkt prägte oder eher Modernisierungs- und Liberalisierungsängste, die zum Festhalten am Herkömmlichen rieten. Die Frage ist umso berechtigter als der britische Modernisierungsvorsprung vor allem gegenüber der französischen und belgischen Montanindustrie bestand, nicht sosehr hingegen gegenüber der deutschen Montanindustrie, deren Entwicklungsmöglichkeiten nur schwer vorauszusehen waren, die aber in der Gemeinschaft die quantitativ und qualitativ wichtigste Rolle spielen würde.

Berlin, im August 1997 *Prof. Dr. Ludolf Herbst*

1. Einleitung

Als der französische Außenminister Robert Schuman am 9. Mai 1950 den nach ihm benannten Schuman-Plan verkündete, legte er damit den Grundstein für die Europäische Gemeinschaft für Kohle und Stahl.[1] Der französische Vorschlag sah vor, die Schlüsselproduktionen des Kohle- und Stahlbereichs der nationalen Kontrolle und autonomen Entwicklung zu entziehen.[2] Zölle, Kontingente und sonstige handelshemmende Barrieren innerhalb dieses Gebietes sollten abgebaut und ein gemeinsamer Markt für Kohle, Eisen, Schrott und Stahl geschaffen werden.[3] Die Verhandlungen über den Schuman-Plan mündeten schließlich in den Vertrag über die Europäische Gemeinschaft für Kohle und Stahl.[4] Das Abkommen wurde am 18. April 1951 von der Bundesrepublik Deutschland, Frankreich, Belgien, Italien, Luxemburg und den Niederlanden unterzeichnet und trat am 25. Juli 1952 mit einer Laufzeit von 50 Jahren in Kraft. Das Vertragswerk der EGKS ging zwar in modifizierter

---

[1] Vater dieser Idee war Jean Monnet. Siehe das Monnet-Memorandum vom 3. Mai 1950, abgedruckt in: Gilbert Ziebura, Die deutsch-französischen Beziehungen seit 1945. Mythen und Realitäten, Pfullingen 1970, S. 195-200.

[2] Der Schuman-Plan ist abgedruckt in: Europa-Archiv 11 (1950), S. 3091/3092. Anfang der 50er Jahre wurde die Stahlindustrie als der "leading sector" für den wirtschaftlichen Aufschwung Westeuropas angesehen, als Motor der industriellen Entwicklung. Kohle war in der Nachkriegszeit nicht nur der wichtigste Energieträger, sondern auch ein wesentlicher Rohstoff bei der Herstellung von Eisen und Stahl. Francesca Schinzinger, Die wirtschaftlichen Rahmenbedingungen des Schuman-Planes, in: Klaus Schwabe (Hrsg.), Die Anfänge des Schuman-Plans 1950/51, Baden-Baden 1988, S. 153.

[3] Der Kern des EGKS-Vertrages sind die Artikel 57-70. Abgedruckt in: Frederick Haußmann, Der Schuman-Plan im europäischen Zwielicht. Ein Beitrag zu den Grundproblemen und zur Weiterentwicklung des Schuman-Planes, München und Berlin 1952, S. 214-224.

[4] Der Kern des EGKS-Vertrages sind die Artikel 57-70. Abgedruckt in: Frederick Haußmann, Der Schuman-Plan im europäischen Zwielicht. Ein Beitrag zu den Grundproblemen und zur Weiterentwicklung des Schuman-Planes, München und Berlin 1952, S. 214-224.

Form auf die Presseerklärung des französischen Außenministers zurück, hielt aber an seiner grundsätzlichen Zielsetzung fest.

Die Vereinigung der europäischen Montanindustrie sollte der Startschuß für den europäischen Integrationsprozeß sein.[5] Die Idee, nationale Hoheitsrechte auf eine supranationale Institution (Hohe Behörde) zu übertragen, war neu.[6] Die Staaten der Nachkriegszeit waren aber nur dann bereit, auf Teilbereiche ihrer Souveränität zu verzichten, wenn dies Interessenvorteile für nationalstaatliche Politikansätze versprach, die mit wirtschaftlichen Rahmenbedingungen zusammenfielen, deren Überwindung oder Neugestaltung ebenso im Interesse der Teilnehmer lag.[7] Der Wirtschaftshistoriker Alan S. Milward stellt treffend fest:

---

[5] Sidney Pollard nennt drei Stufen einer wirtschaftlichen Integration (Handelsintegration, Faktorenintegration und wirtschaftspolitische Integration), die dann zur "totalen Integration unter politischer Ägide" führen. Sidney Pollard, Probleme der europäischen Integration im 19. und 20. Jahrhundert, in: Helmut Berding (Hrsg.), Wirtschaftliche und politische Integration in Europa im 19. und 20. Jahrhundert, Göttingen 1984, S. 9. Gegen diese zwingenden Zusammenhang wendet sich Alan. S. Milward: "That the process of economic development leads through interdependence progressively to integration is also far to simple a conclusion. Interdependence can be rejected by an act of national political will." Alan S. Milward, George Brennan u. Federico Romero (Hrsg.), The European Rescue of the National-State, London 1992, S. 8.

[6] Mit der Verkündigung des Schuman-Plans bekam der Begriff "Integration" eine neue Bedeutung. Er umschloß nunmehr die Forderung nach einer supranationalen Behörde, einer regionalen und sektoralen Eingrenzung. Ludolf Herbst, Die zeitgenössische Integrationstheorie und die Anfänge der Europäischen Einigung 1947-1950, in: Vierteljahrshefte für Zeitgeschichte 34 (1986), S. 174.

[7] Alan S. Milward, Nationale Wirtschaftsinteressen im Vordergrund. Neue Erkenntnisse statt überholte Schulweisheiten, in: Integration 10 (1987), S. 100. Die europäische Integration sei eine "creation of the European nation-states themselves for their own purposes". Sie stimme daher mit dem "national will" überein. Milward, Rescue, S. 18.
Für Hans von der Groeben spielen die wirtschaftlichen Interessen die entscheidende Rolle für die Zustimmung der Regierungen, sich am Integrationsprozeß zu beteiligen. Hans von der Groeben, Politische und wirtschaftliche Motive im Gleichklang. Die Vertragsverhandlungen aus der Sicht eines Beteiligten, in: Integration 10 (1987), S. 116.
Frei überträgt diese Theorie auch auf nationale Interessengruppen, die ein Integrationsvorhaben nur unterstützen, wenn sie davon "ihren eigenen sozialen Aufstieg erwarten dürfen". Daniel Frei, Integrationsprozesse. Theoretische Erkenntnisse und praktische Folgerungen, in: Werner Weidenfeld (Hrsg.), Die Identität Europas (Schriftenreihe der Bundeszentrale für politische Bildung, Band 225), Bonn 1985, S. 126.

> "The historical evidence gives considerable support, in fact, to the theoretical proposition that the validity of the ECSC, as of other examples of sectoral integration, did not lie so much in their vaunted supranationality as in their extra-nationality - that they were created as an arm of the nation states to do things which could not otherwise be achieved."[8]

Frankreich war an einer europäischen Integration aus politischen und wirtschaftlichen Gründen interessiert.[9] Deutschland sollte in einem übergreifenden Rahmen der europäischen Einigung kontrolliert und die französische Rohstoffversorgung aus dem Ruhrgebiet gesichert werden. Adenauer sah im Schuman-Plan ein wirksames Mittel zur Wiedererlangung der Souveränität, die Deutschland im Krieg verloren hatte.

Für Großbritannien hingegen waren die nationalen Vorteile aus einer Teilnahme am Schuman-Plan nicht so offensichtlich. Die politischen und wirtschaftlichen Folgen eines Beitritts mußten erst abgewogen werden. Welche wirtschaftlichen Faktoren sich letztlich auf die britische Haltung zum Schuman-Plan und zur Europäischen Gemeinschaft für Kohle und Stahl auswirkten, ist in der Forschung bisher offen geblieben.[10]

---

[8] Alan S. Milward, Reconstruction of Western Europe 1945-51, London 1984, S. 494. Wilfried Loth betont dagegen eher die Eigenständigkeit des europäischen Einigungsprozesses, an dessen Ende die Auflösung des nationalstaatlichen Systems steht. Im Gegensatz zu Milward, der den Begriff "Integration" als neugeschaffenen Handlungsspielraum für die Nationalstaaten sieht, betont Loth die neuartige Kraft der Europaidee. Vgl. Wilfried Loth, Vertragsverhandlungen bei abklingender Europabegeisterung. Eine zeitgeschichtliche Einordnung, in: Integration 10 (1987), S. 107-116.

[9] Eine Verbindung von politischen und wirtschaftlichen Faktoren sieht auch Clemens A. Wurm: "Political motivations were inseparable from economic ones." Clemens A. Wurm, Two Paths to Europe: Great Britain and France from a Comparative Perspective, in: Clemens A. Wurm (Hrsg.), Western Europe and Germany. The Beginnings of European Integration 1945-1960, Oxford/Washington 1995, S. 184.

[10] Wie aktuell die britische Haltung zum Schuman-Plan auch noch heutzutage ist, beweist ein Zitat von Sir Leon Brittan. In einer Rede vor dem Europäischen Parlament am 29. Dezember 1995 bezog sich der britische EU-Kommisar auf die britische Absage an den

Großbritannien verhielt sich dem französischen Vorschlag gegenüber von Anfang an reserviert und lehnte schließlich am 2. Juni 1950 eine Teilnahme an den Verhandlungen über den Schuman-Plan ab.[11] Der Wirtschaftshistoriker B. S. Keeling kommentiert die britische Haltung folgendermaßen: "The reactions of the Labour Government and of the British steel industry to M. Schuman´s proposal were very similar, but for very different reasons."[12]

Der englische Historiker Edmund Dell vertritt die These, daß die Briten den Schuman-Plan von Anfang an grundsätzlich ablehnten, ihre wahre Haltung aber mit praktischen Erwägungen zu kaschieren suchten: "But Britain´s objection was not the practice but the principle."[13] Gegen diese These spricht, daß die britische Regierung ein Komitee berief, das die politischen und wirtschaftlichen Implikationen einer britischen Teilnahme - auch noch lange Zeit nach der Ablehnung - untersuchen sollte. Eine sofort zur Ablehnung entschlossene Regierung hätte sich diese Mühe wohl nicht gemacht.

Schuman-Plan, um vor einer britischen Nichtteilnahme an der Europäischen Wirtschafts- und Währungsunion zu warnen: "If, he said, Britain were to make 'the same mistake in its European policy that it has been making for 45 years' and join the single European currency late, City policymakers would loose a voice in determining critical issues ... ." International Herald Tribune vom 30/31. Dezember 1995.

[11] Der amerikanische Botschafter Lewis Douglas schrieb am 5. Juni 1950 an den amerikanischen Außenminister Dean Acheson, daß die Briten einige gute Gründe hätten, eine Teilnahme am Schuman-Plan abzulehnen. DBPO 86, Anm. 3.

[12] B. S. Keeling/A. E. G. Wright, The Development of the Modern British Steel Industry, London 1964, S. 195.

[13] Edmund Dell, The Schuman Plan and the British Abdication of Leadership in Europe, Oxford 1995, S. 155.

In einem Treffen britischer Minister vom 10. Mai 1950 wurde die Unsicherheit über den Charakter des Vertrages deutlich.[14] Die Teilnehmer wußten nicht, "whether the proposal represented an economic scheme which had been put forward at this juncture for political reasons, or whether the project was primarily political in character".[15] Angesichts der unterschiedlichen Deutungsangebote der damaligen Protagonisten ist es schwierig, zu einem einheitlichen Urteil zu kommen.

Edmund Dell beschreibt den französischen Vorschlag als eine "political initiative in economic guise".[16] Die negative Haltung Großbritanniens zum Schuman-Plan führt er auf das Versagen der politischen Entscheidungsträger zurück.[17] Sie seien unaufmerksam gewesen und hätten potentielle Ansatzpunkte für Verhandlungen nicht genutzt.[18] Dell zeigt

---

[14] DBPO 3, Record of Meeting, 10.5.1950 und auch DBPO 15, Minutes of a Meeting of Ministers held in the Prime Minister's room at the House of Commons, 11.5.1950. Siehe auch DBPO 26, Extract from the Minutes of a Meeting of the Economic Policy Committee, 16.5.1950 und DBPO 36, Extract from the Minutes of a Meeting of the Economic Policy Committee, 23.5.1950.

[15] DBPO 15, Minutes of a Meeting of Ministers, 11.5.1950.

[16] Dell, The Schuman Plan, S. 300. Auch Ranieri bewertet den Schuman-Plan als einen politischen Akt. Vor allem Monnet "did not wish to negotiate with industrialists". Ruggero Ranieri, Inside or Outside the Magic Circle? The Italian and British Steel Industries face to face with the Schuman Plan and the European Coal and Steel Community, in: Alan S. Milward u. a. (Hrsg.), The Frontier of National Sovereignty. History and Theory 1945-1992, London und New York 1993, S. 138. So auch Alan S. Milward: "The political motivation ... remained paramount throughout the negotiations." Alan S. Milward, The Reconstruction of Western Europe 1945-51, London 1987², S. 407.

[17] Während Dell das Verhalten des Foreign Office und seines Chefs, Ernest Bevin, kritisiert, vermittelt die ältere Forschung ein positives Bild des Außenministers im europäischen Einigungsprozeß. Vgl. John W. Young, Britain, France and the Unity of Europe 1945-1951, Leicester 1984, S. 190.

[18] Dell begründet die Ablehnung der britischen Regierung unter anderem mit anti-französischen Ressentiments. Dell, Schuman Plan, S. 110. So auch Gillingham: "... Bevin had a visceral dislike for the coal-steel proposal. Neither he, the cabinet nor the civil service could conceal its resentment that France, held in contempt for allegedly lacking a spine, had taken an initiative better befitting the nation that still unhesitatingly referred to itself as the 'leading power of Europe'." So John Gillingham, Coal, Steel and the Rebirth of Europe, 1945-1955. The Germans and French from Ruhr Conflict to Economic Community, Cambridge 1991, S. 238.

eine Reihe von Handlungsspielräumen auf, in deren Rahmen die britische Verhandlungsmacht erfolgreich hätte eingesetzt werden können.[19] Die britische Ablehnung sei nicht zwingend gewesen: "The key error in the British reaction to the Schuman Plan was the failure to perceive that participation in it was consistent with Britain´s view of itself."[20]

Für den Politologen Christopher Lord lag die Ursache für den britischen Entschluß, nicht an dem Schuman Plan teilzunehmen, in der fundamentalen Andersartigkeit Großbritanniens im Vergleich zum Kontinent. Großbritannien sei ein Unikum in Europa, also "fundamentally different" von seinen Nachbarn auf dem Kontinent. Es seien folglich "its constitutional characteristics, its relationship with its domestic society and its roles in the world system" gewesen, die Großbritannien zu einer ablehnenden Haltung gegenüber einer europäischen Integration gezwungen hätten.[21] Eine weitere Ursache für die britische Haltung sieht Lord in der britischen Überzeugung, die Entscheidungen der Sechs auch ohne Teilnahme am Schuman-Plan beeinflussen zu können. Die Briten glaubten, Großbritannien habe den "luxury of influence over the new European Community without full membership".[22] Lord beschränkt seine Untersu-

---

[19] Warner behauptet hingegen in einem früheren Werk: "... the French left the British government with no real alternative." Geoffrey Warner, The Labour Governments and the Unity of Western Europe, 1945-51, in: Richie Ovendale (Hrsg.), The Foreign Policy on British Labour Governments, 1945-1951, Leicester 1984, S. 72.

[20] Dell, Schuman Plan, S. 3/4. Obwohl Dell von 1976-78 britischer Handelsminister war, vernachlässigt er die wirtschaftlichen Gründe für die britische Haltung zum Schuman-Plan. So auch der jüngst erschiene Aufsatz von Andreas Wirsching, Großbritanniens Europapolitik und das deutsch-französische Problem nach den beiden Weltkriegen, in: Geschichte in Wissenschaft und Unterricht 4 (1996), S. 222/223.

[21] Christopher Lord, Absent at the Creation: Britain and the Formation of European Unity, Adlershot u. a. 1996, S. 1.

[22] Lord, Absent, S. 4.

chungen allerdings nur auf den politischen Bereich. Die Untersuchung der wirtschaftlichen Faktoren vernachlässigt er ganz.

In der Literatur, insbesondere der neuesten, wurden bisher vorwiegend die politischen Gründe für die britische Haltung zum Schuman-Plan aufgeführt.[23] Dennoch sind auch die wirtschaftlichen Faktoren nicht zu unterschätzen, weil "realistic political decisions ... must take fully into account its economic implications".[24]

In diesem Buch sollen deswegen neben den bekannten politischen vor allem die bisher vernachlässigten wirtschaftlichen Faktoren in der britischen Haltung zum Schuman-Plan und zur Europäischen Gemeinschaft für Kohle und Stahl untersucht werden. Die ökonomischen Vor- und Nachteile, die sich aus einer britischen Teilnahme am Schuman-Plan ergeben hätten, müssen daher genau abgewogen werden: "Any risk or loss to British economic interests from integration of the type under discussion must be weighted against the possibilities of gain ... ."[25] Anders als in den neuesten Arbeiten von Edmund Dell und Christopher Lord wird in der vorliegenden Untersuchung daher auch der Einfluß der Situation der britischen Kohle- und Stahlindustrie auf die britische Haltung zum Schuman-Plan und zur Europäischen Gemeinschaft für Kohle und Stahl be-

---

[23] Ruggero Ranieri ist der einzige Autor, der die wirtschaftliche Komponente der britischen Reaktion auf den Schuman-Plan berücksichtigt. Er beschränkt seine Untersuchungen aber nur auf die "steel industry's decision making". Ruggero Ranieri, Inside or Outside the Magic Circle? The Italian and British Steel Industries face to face with the Schuman Plan and the European Coal and Steel Community, in: Alan S. Milward u. a. (Hrsg.), The Frontier of National Sovereignty: History and Theory 1945-1992, London 1993, S. 139. In seinen Aussagen stützt er sich auf das umfangreiche Werk des britischen Wirtschaftshistorikers Duncan Burn mit dem Titel: The Steel Industry 1939-1959. A Study in Competition and Planning, Cambridge 1961.

[24] The Economist vom 31.1.1953, S. 332.

[25] So Permanent Under-Secretary's Committee (PUSC). Zitiert nach: Lord, Absent, S. 90.

rücksichtigt. Dabei geht es vor allem um die inneren Strukturunterschiede zwischen der britischen Montanindustrie und der des Kontinents, ihre (außen-)handelspolitischen Verflechtungen und die divergierenden staatlichen Rahmenbedingungen.[26]

Haben nur politische oder auch wirtschaftliche Faktoren in der britischen Haltung zum Schuman-Plan und zur Europäischen Gemeinschaft für Kohle und Stahl eine Rolle gespielt, lautet die Kernfrage dieses Buches.

Zur Beantwortung dieser Frage werden nach einer kurzen Darlegung des französischen Vorschlags vom 9. Mai 1950 zunächst die politischen Faktoren analysiert. Die bisher wenig erforschten wirtschaftlichen Faktoren bilden den nächsten wichtigen Untersuchungsschwerpunkt. Sie werden einen breiten Raum einnehmen, da sie in der bisherigen Literatur stark vernachlässigt wurden. In diesem Kapitel wird untersucht, ob das bisher recht einseitig entworfene Bild von der britischen Haltung zum Schuman-Plan im Lichte neuester Quellenforschung noch weiterhin haltbar ist. Dabei wird nicht nur auf die wirtschaftliche Lage eingegangen, sondern auch in einem speziellen Kapitel der explizite Einfluß wirtschaftlicher Faktoren auf die Haltung der britischen Regierung untersucht. Abschließend wird das Zustandekommen des Assoziierungsabkommens zwischen Großbritannien und der Europäischen Gemeinschaft für Kohle und Stahl analysiert. Das Assoziierungsabkommen wird in diese Untersuchung

---

[26] "Die Wurzeln der britischen Vorbehalte gegenüber der europäischen Integration sind in der Literatur oft genannt worden. Besonders nationale Erfahrungen, die Insellage und die politischen Traditionen des Landes, das ungebrochene nationale Selbstverständnis und die Weltmachtrolle werden - zu Recht - als Gründe angeführt. ... Demgegenüber haben (außen-)wirtschaftliche Faktoren und strukturelle Gegebenheiten der britischen Wirtschaft in der Literatur bislang weniger Beachtung gefunden." Clemens A. Wurm (Hrsg.), Wege nach Europa. Wirtschaft und Außenpolitik Großbritanniens im 20. Jahrhundert (Schriftenreihe: Arbeitskreis Deutsche England-Forschung 19) Bochum 1992, S. 3.

miteinbezogen, um der Komplexität der Fragestellung dieses Buches in angemessener Weise gerecht zu werden.

Im Gegensatz zu Roger Bullen, der die britische Haltung zum Schuman-Plan chronologisch unterteilt,[27] liegt dieser Arbeit ein sytematischer Aufbau zugrunde. Zunächst werden die politischen und erst dann die wirtschaftlichen Faktoren in der britischen Haltung zum Schuman-Plan und der EGKS analysiert.

Die Untersuchung stützt sich dabei auf Quellenmaterial, das bisher noch nicht verwertet wurde. Aufschlußreiche Statistiken über die Lohn- und Preisstruktur in der europäischen Kohle- und Stahlindustrie wurden vom International Labour Office herausgegeben und stammen aus der Bibliothek der Vereinten Nationen in Genf. In der französischen Zeitschrift "Études et Conjoncture" waren wichtige Daten über die Höhe der Sozialabgaben in Europa zu finden. Die englischen Fachzeitschriften "The Iron and Coal Trades Review" und das "Monthly Statistical Bulletin"[28] sowie die deutsche Monatsschrift "Eisen und Stahl" lieferten nicht nur aussagekräftige Tabellen über die britischen Außenhandelsbeziehungen, sondern auch interessante Artikel zur Haltung der britischen Kohle- und Stahlindustrie. Die erstmalige Auswertung der Tabellen ermöglichte eine Veranschaulichung der wichtigsten Daten.

Eine Brücke zwischen Politik und Wirtschaft bildete das vom Regierungskabinett eingerichtete "Committee on proposed Franco-German Coal and Steel Authority" (FG Committee). Die Detailarbeit bezüglich

---

27 Roger Bullen, The British Government and the Schuman Plan May 1950-March 1951, in: Klaus Schwabe (Hrsg.), Die Anfänge des Schuman-Plans 1950/51, Baden-Baden 1988, S. 206 ff. . Im Vorwort zu den "Documents on British Policy Overseas" unterscheidet Bullen sogar fünf Phasen.

28 Das Monthly Statistical Bulletin wurde von British Iron and Steel Federation herausgegeben und kann deshalb als das Sprachrohr der BISF bezeichnet werden.

der Auswirkungen des französischen Projekts auf die britische Wirtschaft übertrug das Komitee an eine sogenannte "Working Party". Die Arbeitsgruppe setzte sich aus Vertretern aus Politik und Wirtschaft zusammen. Es ist zu klären, inwieweit sie die britische Haltung zum Schuman-Plan und zur Europäischen Gemeinschaft für Kohle und Stahl beeinflußte. Die von der Arbeitsgruppe ausgearbeiteten Studien sind einem bislang unveröffentlichten Aktenmaterial entnommen.[29] Die veröffentlichten Teile des Aktenmaterials mit dem Namen Documents on British Policy Overseas (DBPO) bilden dagegen die zentrale Grundlage für die Untersuchung der politischen Gründe der britischen Ablehnung.[30] Hier können Hintergründe und Motive für die Handlungen der politischen Entscheidungsträger nachvollzogen und analysiert werden.

Der Zeitraum der Untersuchung ist in diesem Buch weiter gesteckt als in der jüngsten Literatur. Endet Lords Analyse bereits mit dem Inkrafttreten des EGKS-Vertrages im Juli 1952, so konzentriert sich diese Arbeit auf den Zeitraum vom 9. Mai 1950 bis zum 21. Dezember 1954, dem Abschnitt, der mit der Verkündigung des Schuman-Plans begann und mit der Unterzeichnung des Assoziierungsabkommens endete. Dieser erweiterte Untersuchungszeitraum erwies sich besonders für die Erforschung der wirtschaftlichen Belege als vorteilhaft. Denn erst die Ausdehnung der Zeitachse ermöglicht eine angemessene Analyse der wirtschaftlichen Faktoren.

---

29 Vgl. Working Party on Proposed Franco-German Coal and Steel Authority, 16.6.1950, DBPO (Microfiches) 132-168 und Report by a Working Party of Officials on the Treaty Constituting the European Coal and Steel Community, 31.12.1951, in: Public Record Office/Ministry of Power and Fuel, PRO/POWE 41/33.

30 Documents on British Policy Overseas, Roger Bullen/M.E. Pelly (Hrsg.), Series II, Vol I: The Schuman Plan, the Council of Europe and Western European Integration May 1950-December 1952, London 1986.

2. Der Schuman-Plan vom 9. Mai 1950

2.1 Inhalt und Zweck des französischen Integrationsvorschlags

Der Schuman-Plan war eine "doppelte Revolution": eine wirtschaftliche und eine politische.[31] Der französische Vorschlag sah einen wirtschaftlichen Zusammenschluß der europäischen Kohle- und Stahlindustrie vor, nicht aber als Kartell.[32] In seiner Rede vor der Presse spezifizierte der französische Außenminister seine Vorstellungen hinsichtlich des Aufbaus der geplanten Organisation und ging zuletzt auch auf die Frage der Eigentumsform der Ruhrindustrie ein.[33] Die Überwindung des deutsch-französischen Gegensatzes sei das politische Leitmotiv seines Vorhabens und müsse am Anfang des Einigungsprozesses stehen. Ein Krieg zwischen Deutschland und Frankreich sollte für immer materiell unmöglich gemacht werden. Die Beseitigung des jahrhundertelangen Gegensatzes zwischen Deutschland und Frankreich wurde als Voraussetzung für den Frieden in Europa angesehen.[34] Nur durch "konkrete Tatsachen"

---

[31] Ulrich Lappenküper, Der Schuman-Plan, in: Vierteljahrshefte für Zeitgeschichte 42 (1994), S. 444. Der britische Botschafter in Paris, Oliver Harvey, bezeichnete den Schuman-Plan als "a revolutionary proposal". DBPO 33, Brief von O. Harvey an W. Strang vom 20. Mai 1950.

[32] "Im Gegensatz zu einem internationalen Kartell, das nach einer Aufteilung und Ausbeutung der nationalen Märkte durch einschränkende Praktiken und die Aufrechterhaltung hoher Profite strebt, wird die geplante Organisation die Verschmelzung der Märkte und die Ausbeutung der Produktion gewährleisten." Presseerklärung von Robert Schuman vom 9. Mai 1950, abgedruckt in: Europa-Archiv 11 (1950), S. 3091-3092.

[33] Europa-Archiv 11 (1950), S. 3092.

[34] Einige Autoren bestreiten hingegen, daß der Schuman-Plan einen Krieg hätte verhindern können. Neben Diebold ist es u. a. Marjolin, der behauptet, daß der Schuman-Plan "did not make war materially impossible". Diebold, The Schuman Plan, S. 664 und Robert Marjolin, Architect of European Unity: Memoirs, 1911-1986, London 1989, S. 234.

könne ein vereinigtes Europa entstehen. Der Schuman-Plan solle ein Ausgangspunkt für weitere Integrationsprozesse sein, der erste Schritt auf dem Weg zu einer "europäischen Föderation".[35]

Das Revolutionäre des französischen Vorschlags bestand in seinem supranationalem Ansatz: "Die französische Regierung schlägt vor, die Gesamtheit der französisch-deutschen Kohlen und Stahlproduktion unter eine gemeinsame Oberste Aufsichtsbehörde (Haute Autorité) zu stellen ... ." Sie wird mit der ganzen Verwaltung betraut sein und "sich aus unabhängigen Persönlichkeiten zusammensetzen, die auf paritätischer Grundlage von den Regierungen ernannt werden."[36] Gerade die supranationale Stellung der Hohen Behörde war für Großbritannien schwer zu akzeptieren. Organisatorisch sah der Vorschlag der französischen Regierung nämlich die Errichtung einer Hohen Behörde vor, "deren Entscheidungen für Frankreich, Deutschland und die anderen teilnehmenden Länder <u>bindend</u> sein werden."[37] Die Aufgabe dieser neuen Behörde sollte darin bestehen, die Produktion zu modernisieren, eine gerechte Belieferung von Stahl und Kohle zu garantieren, die gemeinsame Ausfuhr nach anderen Ländern zu erleichtern und den Lebenstandard der Arbeiterschaft zu verbessern. Um diese Ziele zu erreichen, befürwortete Schuman die Anwendung eines gemeinsamen Produktions- und Investitionsplanes, die Errichtung von Preisausgleichsmechanismen und Konvertierbarkeits-Fonds, den Wegfall von Zollschranken und die Angleichung von Frachttarifen.

---

[35] Europa-Archiv 11 (1950), S. 3091.

[36] Europa-Archiv 11 (1950), S. 3091/92.

[37] Europa-Archiv 11 (1950), S. 3091. Hervorhebung durch die Verfasserin.

Dies alles habe die "rationellste Verteilung der Produktion auf dem höchsten Leistungsniveau" zu gewährleisten.[38]

Die Kontrolle über Kohle und Stahl war in den 50er Jahren der Schlüssel zu einer florierenden Wirtschaft und daher von hochpolitischer Bedeutung. Der Schuman-Plan brachte sowohl für Frankreich als auch für Deutschland gewichtige nationale Vorteile. Frankreich sah in dem Einigungsprojekt einen wirtschaftlichen[39] und sicherheitspolitischen Vorteil. Die Hohe Behörde hatte die Versorgung mit deutschen Rohstoffen (Kokskohle) zu garantieren und die Modernisierung der französischen Basisindustrie voranzutreiben. Eine steigende deutsche Konkurrenz konnte durch die supranationale Einbindung der Ruhrindustrie gezügelt werden.[40] Sicherheitspolitisch konnte Frankreich über eine europäische Kontrolle des Montansektors eine deutsche Aufrüstung verhindern. Der niederländische Außenminister Dirk Stikker resümierte das doppelte Anliegen der Franzosen:

> "The French Government sought on the one hand to contain Germany and keep it under control. On the other hand the French wanted to bring Germany into a European federation - although not as an equal partner."[41]

---

[38] Europa-Archiv 11 (1950), S. 3091.

[39] Am 13. Mai 1950 äußerte sich der französische Verteidigungsminister René Pleven zum britischen Verteidigungsminister Emmanuel Shinwell dahingehend : "The whole idea was economic. In a very short time, due to inequalities of labour conditions in the two countries, Germany would under-sell France as regards coal by 25 per cent and her selling price of steel would be 15 per cent lower. It was, therefore, a matter of economic survival for France to establish a joint control of the prices of these basic commodities in Western Europe." DBPO 18, Enclosure, Anm. 4.

[40] DBPO 103, Sir O. Harvey to Kenneth Younger, 16.6.1950.

[41] Dirk U. Stikker, Men of Responsibility: A Memoir, New York 1966, S. 299/300.

Durch eine Fusion der deutschen und französischen Kohle- und Stahlproduktion versprach sich Deutschland nicht nur, ein gleichberechtigtes Mitglied in der westeuropäischen Staatengemeinschaft zu werden, sondern auch die Möglichkeit, die Produktionsbeschränkung im Stahlbereich über die Grenze von 11 Millionen Tonnen hinaus zu steigern und das Saarproblem zu lösen. Der deutsche Gewinn lag aber hauptsächlich auf der politischen Ebene. Für die britische Regierung waren die nationalen Vorteile, die Großbritannien aus einer Teilnahme am Schuman-Plan ziehen konnte, nicht so offensichtlich, wie für die kontinentaleuropäischen Staaten.[42] Bevor die Labour-Regierung einen Entschluß fassen konnte, mußte sie daher erst einmal die politischen und wirtschaftlichen Folgen eines möglichen Beitritts abwägen. Deshalb verlangte der britische Außenminister Ernest Bevin zunächst Zeit zur Prüfung eines aus britischer Sicht so weitgehenden Vorschlags.[43]

Die französischen Vorstellungen über eine Europäische Gemeinschaft für Kohle und Stahl waren im Mai 1950 allerdings noch sehr vage, was das Mißtrauen der pragmatischen Briten eher verstärkte. Edwin Plowden, der Chef des britischen Planungsbüros, zeigte sich von einem Treffen mit Jean Monnet Mitte Mai 1950 enttäuscht: " ... the french initiative ... has not been thought out in detail at all."[44]

---

[42] Vgl. The Times vom 5. Juni 1950.

[43] Foreign Office (Hrsg.), Anglo-French Discussions Regarding French Proposals for West European Coal, Iron and Steel Industries in May-June 1950 (Command Paper 7970/3), London 1950.

[44] DBPO 25, Notes of a meeting held at the Hyde Park Hotel with Monnet, Anm. 4.

2.2 Die Haltung Großbritanniens

Einen Tag nach der Bekanntgabe des Schuman-Plans am 9. Mai 1950[45] gab der britische Premierminister Attlee eine erste vorsichtige Stellungnahme der Regierung.[46] Er begrüßte den Schuman-Plan als Mittel der Einbindung Deutschlands in die europäische Staatengemeinschaft, unterstrich aber gleichzeitig die britische Skepsis gegenüber den weitreichenden Implikationen für die Wirtschaftsstruktur der Teilnehmerstaaten:

> "The proposals also have far-reaching implications for the future economic structure of participating countries, and this aspect will require very careful study by His Majesty's Government and the other Governments concerned. His Majesty's Government will approach the problem in a sympathetic spirit and desire to make it clear at the outset that they welcome the French initiative to end the age-long feud with Germany and to bring unity and peace to Europe."[47]

Der Notenaustausch zwischen der britischen und der französischen Regierung, der mit der Verkündigung des französischen Einigungsvorhabens begann und sich bis Anfang Juni 1950 hinzog, führte zu keiner Annäherung der Standpunkte. Am 25. Mai überreichte der französische Botschafter in London, René Massigli, dem britischen Staatssekretär Kenneth Younger ein Memorandum. Darin verlangte die französische Regierung die verbindliche Anerkennung der von Außenminister Robert Schuman

---

[45] Am gleichen Tag fand im britischen Unterhaus die dritte Lesung der Gesetzesvorlage zur Nationalisierung bestimmter Sektionen der Eisen- und Stahlindustrie statt.

[46] Die Unterrichtung der britischen Regierung fand am gleichen Tag statt. Vgl. Cmd. 7979/2.

[47] Parliamentary Debates (Hansard), House of Commons, Official Report, 11.5.1950, Sp. 589.

am 9. Mai verkündeten Richtlinien.[48] Die britische Regierung lehnte dies in einem Memorandum vom 27. Mai ab, denn "it would not be possible for His Majesty's Government to subscribe to the communiqué, which it is intended to issue, or accept in advance the essential principles and commitments contained in the French communiqué of 9th May."[49] Nachdem Italien und die Benelux-Staaten die französischen Vorbedingungen bis zum 1. Juni 1950 akzeptiert hatten, wurde die britische Regierung ultimativ zu ihrer Zustimmung aufgefordert. Eine Antwort wurde bis zum Abend des kommenden Tages erwartet.[50] Am 2. Juni 1950 fiel dann der Entschluß der Mitglieder des Labourkabinetts, auf eine Teilnahme an den bevorstehenden Verhandlungen über den Schuman-Plan zu verzichten:

> "In this circumstances His Majesty's Government note with regret that the French Government regard the unity of view expressed in the draft communiqué as the indispensable condition for the successful prosecution of the negotiations."[51].

Es sei darauf hingewiesen, daß die britische Regierung ihre Entscheidung zunächst noch nicht für definitiv ansah.[52] Großbritannien war davon überzeugt, daß es zu einem späteren Zeitpunkt immer noch an den Verhandlungen teilnehmen könne.[53] Deshalb leisteten die im Auftrag des

---

48 "They pointed out that if it were desired to reach concrete results it was necessary that the Governments should be in agreement from the beginning on the principles and the essential undertakings defined in the French Government's document." Cmd. 7970/7.

49 Cmd. 7970/8.

50 Cmd. 7970/12.

51 Cmd. 7970/13, United Kingdom Memorandum of 2nd June.

52 So auch Wilfried Loth, Der Weg nach Europa. Geschichte der europäischen Integration 1939-1957, Göttingen 1991^2, S. 84.

53 Das britische Foreign Office sah sich in dieser Annahme auch durch folgende Aussage

FG Committee gebildeten Expertenkomitees noch wesentliche Arbeit, als das französische Ultimatum bereits verstrichen war. Nur im Rückblick erscheint der 2. Juni 1950 als Zäsur in der britischen Europapolitik, da die britischen Regierungen im Laufe der Verhandlungen über den Schuman-Plan und der Europäischen Gemeinschaft für Kohle und Stahl ihre Meinung nicht änderten.

Begründet wurde die Absage mit der Unvereinbarkeit von der britischen Weltmachtrolle mit der Teilnahme an einer supranationalen Vereinigung in Europa. Der Kabinettsbeschluß vom 2. Juni 1950 konstatierte "a real difference of approach between the United Kingdom Government and the French Government."[54] Der Historiker Hans Koppelmann folgert daraus, daß eine britische Beteiligung am Schuman-Plan die nationale Strukturpolitik in der verstaatlichten Kohleindustrie bzw. in der zur Verstaatlichung anstehenden Eisen- und Stahlindustrie, ebenso wie die Preis-, Investitions- und Sozialpolitik gefährden würde.[55] Britische Vorschläge, die direkte Gespräche zwischen Frankreich und Deutschland[56] oder ein Ministertreffen der am Schuman-Plan interessierten Länder vorsahen, wurden von der französischen Seite zurückgewiesen.[57]

Schumans bestätigt: ... it was hoped by the French that His Majesty's Government would be able **either to join or associate themselves with** the eventual plan." DBPO 85, Sir O. Harvey (Paris) to Mr. Younger, 3.6.1950. Hervorhebung auch im Orginal.

[54] DBPO 78, 2.6.1950, Conclusions of a Meeting of the Cabinet.

[55] Klaus-Peter Koppelmann, Die Haltung der britischen Labour Party zu Schumanplan und Montanunion, in: Vom Schumanplan zur Montanunion. Parlamentarische Auseinandersetzungen in Frankreich, in der BRD und in Großbritannien (1950/51) (Leipziger Beiträge zur Revolutionsforschung 21), Leipzig 1988, S. 64.

[56] Cmd. 7970/6, Secretary of State for Foreign Affairs to French Minister for Foreign Affairs, 25.5.1950.

[57] Cmd. 7970/13, French Memorandum, 25.5.1950.

Der Zeitraum nach der britischen Absage an den Schuman-Plan ist zuallererst von der britischen "Unsicherheit"[58] darüber geprägt, ob sich die sechs Staaten (Deutschland, Frankreich, Italien, Belgien, Luxemburg und die Niederlande), die seit dem 20. Juni über den französischen Vorschlag verhandelten, auf die Gestaltung konkreter Ordnungsprinzipien einigen würden. Am 26. Juni - eine Woche nach dem Beginn der EGKS-Verhandlungen in Paris - wurde eine Grundsatzdebatte über den Schuman-Plan im britischen Unterhaus eröffnet. Die konservativen Abgeordneten kritisierten, daß sich die Regierung nicht an den Verhandlungen beteiligte. Einige von ihnen warfen der Regierung sogar vor, durch die Absage an den Schuman-Plan Großbritanniens Einfluß auf Kontinentaleuropa verspielt zu haben. Großbritannien habe die Chance, die neue Organisation mitzugestalten, verpaßt.[59] In der Frage der Souveränitätsaufgabe stimmten Regierung und Opposition aber prinzipiell überein.[60] Als Churchill im Oktober 1951 die Regierungsgeschäfte übernahm, sah er sich ebensowenig in der Lage, an dem supranationalen Projekt Frankreichs mitzuwirken.[61]

Bis zur Unterzeichnung des EGKS-Vertrages am 18. April 1951 verhielt sich die britische Regierung zurückhaltend. Die Verhaltensregel des Foreign Office sah vor, "to maintain a correct and discreet attitude in

---

[58] So Bullen, in: DBPO, Preface, S. Xii.

[59] Vgl. Anthony Eden, in: HC Debates, 26.6.1950, Sp. 1909-1926.

[60] Vgl. Churchills Redebeitrag vom 27.6.1950, in: HC Debates, Sp. 2152 ff.. Premierminister Attlee faßte nochmals die Gründe für die Ablehnung zusammen: "We on this side are not prepared to accept the principle that the most vital economic forces of this country should be handed over to an authority that is utterly undemocratic and is responsible to nobody." HC Debates, 27.6.1950, Sp. 2171.

[61] Stephen George, An Awkward Partner. Britain in the European Community, Oxford, 1994², S. 22.

regard to the progress of the Paris negotiations."[62] Vom Juni 1950, dem Beginn der Verhandlungen über den Schuman-Plan, bis zum April 1951, der Unterzeichnung des EGKS-Vertrages, verfolgte die britische Regierung im Grunde eine "Policy of Silence"[63]. Die Labour-Regierung war der Meinung, daß sie ihre Interessen am besten, "by doing and saying nothing", erreichen würde.[64] Makins bezeichnete die britische Strategie als "to lie doggo" ("nicht mucksen").[65] Lord bezweifelt, daß sich die britische Regierung leisten konnte, "to remain indifferent between all possible agreements that the Six might make between themselves".[66] Seiner Meinung nach war es falsch, daß die britische Regierung gegenüber den europäischen Integrationsvorschlägen indifferent blieb.[67] Für Lord war das britische Verhalten in der Zeit vom Juni 1950 bis zum April 1951 ein Zeichen der Schwäche. Die Strategie des "lying doggo" sei ein Produkt britischer Unsicherheit gewesen und habe jeglichen Handlungsspielraum der britischen Diplomatie negiert.[68]

Für Frederick Northedge war die britische Politik gegenüber Europa stets von "ambivalence" und "half-heartedness" gekennzeichnet.[69]

---

62 DBPO 192, Letter from Mr. Stevens to Mr. Hayter, 7.12.1950.

63 Von anderen Autoren wie Roger Bullen auch als Periode der "Unsicherheit" bezeichnet. Unsicherheit bestand über einen erfolgreichen Ausgang der Verhandlungen über den Schuman-Plan. So DBPO, Preface, S. Xii.

64 Lord, Absent, S. 126.

65 DBPO 120, Minute from Sir. R. Makins to Sir W. Strang, 28.6.1950.

66 Lord, Absent, S. 128.

67 Lord, Absent, S. 151.

68 Lord, Absent, S. 128.

69 Frederick S. Northedge , Britain and the EEC: Past and Present, in: R. Jenkins (Hrsg.), Britain and the EEC, London 1983, S. 19.

Eine ambivalente Haltung gegenüber dem Schuman-Plan war vor allem bei den politischen Entscheidungsträgern ausgeprägt. Einerseits begrüßten sie den Schuman-Plan als einen wichtigen Schritt für die deutsch-französische Aussöhnung und die Stärkung Westeuropas gegenüber der Sowjetunion, andererseits lehnten sie aber eine britische Teilnahme ab[70]. Der Schuman-Plan wurde vor allem als eine Angelegenheit Frankreichs und Deutschlands betrachtet. "The orginal plan did not directly concern Britain at all. It provided for an arrangement between France and Germany, with the object of making wars impossible ..... ."[71]

Bezüglich der Ablehnung einer britischen Teilnahme an den Schuman-Plan-Verhandlungen hätte politischer Konsens bestanden, behauptet Bullen.[72] Trotzdem gab es aber auch Stimmen, so Ruggero Ranieri, die mit der negativen Entscheidung der Regierung nicht übereinstimmten und eine britische Teilnahme am Schuman-Plan befürworteten, da sie durch den Abbau protektionistischer Maßnahmen positive Impulse für den britischen Stahlsektor erwarteten. Vor allem die am 25. Mai 1950 gebildete Arbeitsgruppe des "Committee on Proposed Franco-German Coal and

---

[70] Younger faßte eine Unterredung mit Bevin folgendermaßen zusammen: "The Cabinet could not even commit itself to the principle of pooling the coal and steel industries of Great Britain with those of other European countries. Nevertheless he was anxious that the French plan should not fall by the wayside, and he believed that H.M. Government must do everything in their power that the scheme was eventually sucessful." DBPO 76, Record of a conversation with Mr. Bevin and the London Clinic, 2.6.1950.
Der Staatsminister im Foreign Office schrieb am 14. Mai 1950 in sein Tagebuch: "Officially we have welcomed the idea, and so have the Americans. ... Privatly we all have our doubts and misgivings." Zitiert nach: DBPO 16, Annex 2, Anmerkung 3.

[71] The Spectator, 9.6.1950, S. 780. So auch Sir W. Strang: "... the plan was, its orginal conception, a plan for a Franco-German merger; that it was on this ground that we orginally welcomes it." DBPO 75, Minute from Sir W. Strang to Mr. Younger, 2.6.1950. Trotzdem kommt der Economist zum Ergebnis, daß "it is still possible for the Government to take its place at the negotiating table". The Economist, 10.6.1950, S. 1259.

[72] Bullen, British Government, S. 202.

Steel Authority" (FG Committee Working Party),[73] habe eine diametral gegensätzliche Haltung zum Regierungsentschluß eingenommen und eine Beteiligung Großbritanniens an dem französischen Projekt befürwortet.[74] Die "FG Committee Working Party", die sich aus Fachleuten aus den verschiedenen Ministerien und Experten aus der Kohle- und Stahlindustrie zusammensetzte,[75] befaßte sich mit den ökonomischen Implikationen einer britischen Beteiligung am Schuman-Plan. Sie hatte zur Aufgabe "to consider practical measures for implementing the French proposals for the pooling of the coal & and steel industries of West European countries on the assumption that the coal and steel industries of the United Kingdom would eventually be brought within the projected scheme".[76] Obwohl die Memoranden der Arbeitsgruppen vom 16. Juni 1950 und 31. Dezember 1951 vorwiegend die Nachteile aufzeigten, die sich für die britische Kohle- und Stahlindustrie aus einer Teilnahme an der Schuman-Gemeinschaft ergeben würden,[77] scheint Robert Hall, Director of the Economic Section of the Cabinet Office, Ranieris These zu unterstützen:

---

73 DBPO 22, Minutes of the First Meeting of the Committee on Proposed Franco-German Coal and Steel Authority, 15.5.1950.

74 Ruggero Ranieri, Attempting an Unlikely Union: The British Steel Industry and the European Coal and Steel Community 1950-54, in: Peter Stirk and David Willis (Hrsg.), Shaping Postwar Europe. European Unity and Disunity 1945-1957, London 1991, S. 114.

75 DBPO 92, Calendar to No. 92, Minute by Mr. Wilson, 5.6.1950.

76 DBPO 40, Minutes of the Third Meeting of the F. G. Committee, 24.5.1950, Anm. 6.

77 DBPO (Microfiches) 138/39 und Report by a Working Party of Officials on the Treaty Constituting the European Coal and Steel Community, 31.12.1951, in: PRO/POWE 41/33, S. 43.

> "The working party comes to the conclusion that there would be great advantages for Western Europe, including the UK, in freer market conditions. It recommends that a new Authority should be established and that we should become members of it in the area, in the co-ordination of investment, the regulation of output if there is a slump, and in the exchange of information about labour conditions, research and discriminatory practices."[78]

In Wirklichkeit stand die "FG Committee Working Party" einer britischen Teilnahme am Schuman-Plan von Anfang an ablehnend gegenüber, denn sie "might have awkward consequences".[79] Dafür sprechen nicht nur das Memorandum vom 16. Juni 1950, sondern auch die Ergebnisse von späteren Treffen. Die Arbeitsgruppe vom 31. Dezember 1951 lehnte eine britische Vollmitgliedschaft aus politischen und ökonomischen Gründen ab:

> "(i) Full and unqualified membership would be incompatible with our Commonwealth responsibilities and might also present us with political difficulties ..., while the economic factors involved are not such as to compel us to seek full membership.
> (ii) On the other hand, a purely informal and ad hoc relationship is likely also to be disadvantageous."[80]

Neben den führenden britischen Labour-Politikern, die eine britische Teilnahme an einer europäischen Integration à la Schuman ablehnten, gab es aber auch Beamte und Politiker, die den Schuman-Plan befürwor-

---

[78] DBPO (Microfiches) 177.

[79] DBPO (Microfiches) 138/39.

[80] Report by a Working Party of Officials on the Treaty Constituting the European Coal and Steel Community, 31.12.1951, in: PRO/POWE 41/33, S. 43.

teten. Dabei ist allerdings zweifelhaft, ob sie tatsächlich Großbritanniens Integration erwogen oder sich, wie Winston Churchill in seiner berühmten Züricher Rede vom September 1946, als Verfechter einer "United States of Europe" - aber ohne Großbritannien[81] - fühlten.

So befürwortete beispielsweise Oliver Harvey, Botschafter in Paris, eine britische Unterstützung des Schuman-Plans. Harvey betrachtete den Schuman-Plan als eine Möglichkeit, Frankreich stärker in das atlantische Lager einzubinden.[82] Richard Cripps, Chancellor of the Exchequer, der zunächst die weitreichende Macht der Hohen Behörde kritisiert hatte, befürwortete Mitte Mai 1950 eine britische Teilnahme an den Verhandlungen über den Schuman-Plan. Er glaubte nicht "that the United Kingdom could ever be able to come in later on a scheme which had been worked out by France, Germany and Benelux and he thought, therefore, we should collaborate from the outset."[83] Nur durch eine Teilnahme an den Verhandlungen würde Großbritannien die Vorschläge Schumans beeinflussen können. In der Unterhausdebatte vom 26. Juni 1950 wechselte er allerdings seinen Standpunkt.[84]

Einige Beamte aus dem Schatzamt, dem Ministry of Supply und dem Board of Trade drängten die Stahlindustrie 1950 zu einem Anschluß

---

[81] Churchill sah Großbritannien nicht allein als europäische Macht. Vgl. Winston S. Churchill. His complete Speeches 1897-1963, Vol. VII: 1943-1949, Robert Rhodes James (Hrsg.), New York, 1974, S. 7380.

[82] "The Schuman Plan ... represents a turning point in European and indeed in world affairs .... If the Plan is adopted in its main lines, Franco-German relations and in consequence Western European co-operation, the policy of Western Union and Atlantic Pact should be set on a steady and hopeful course." DBPO 33, Harvey to Bevin, 19.5.1950.

[83] DBPO 24, Record by Sir R. Makins of a conversation between Sir S. Cripps and M. Monnet am 15. Mai 1950.

[84] HC Debates, 26.6.1950, Sp. 1939-1944.

an die Sechs.[85] Sir Andrew Duncan, Vorsitzender der British Iron and Steel Federation (BISF), äußerte sich dagegen negativ. Er kritisierte nicht nur einen dem Schuman-Plan immanenten Hang zum Dirigismus, sondern auch die Kontrolle durch die Hohe Behörde:

> "The difference between the Federation and the High Authority now envisaged was that the industry was in fact controlled by the Executive Committee who were themselves members of the industry."[86]

Auch die britischen Gewerkschaften sahen durch eine Teilnahme am Schuman-Plan ihren Einfluß gefährdet, denn "the representation of the trade unions might not be strong enough on this organisation."[87] Während das Gros der Stahlindustriellen privatwirtschaftliche Vereinbarungen nach dem Muster der internationalen Stahlkartelle der Zwischenkriegszeit internationalen Vereinbarungen à la Schuman vorzog, gab es auch vereinzelt Stimmen, die in einer britischen Teilnahme nicht nur Nachteile sahen. Der Vorsitzende des Stahlunternehmens Covilles, Sir John Craig, stand dem französischen Vorschlag beispielsweise aufgeschlossen gegenüber: "We might do some good by being inside."[88] E. F. Schumacher, Berater des National Coal Board (NCB), prophezeite am 17. Mai 1950, daß "political consequences of staying outside might be very serious and disturbing",[89] wenn Großbritannien einer europäischen Kohle- und Stahl-

---

85 Ranieri, Magic Circle, S. 139.

86 Zitiert nach: Ranieri, Magic Circle, S. 140.

87 So Harold Davies, in: HC Debates, 15.5.1950, Sp. 866.

88 Zitiert nach: Ranieri, Magic Circle, S. 141.

89 DBPO 37, Calendar.

gemeinschaft fernbleibe. Das NCB, die Leitungsbehörde des von der Attlee-Regierung verstaatlichten Kohlebergbaus, sah in einer Teilnahme am Schuman-Plan wirtschaftliche Vorteile für die britischen Kohleexporteure. Der Abbau von Zöllen und Mengenbeschränkungen würde die Ausfuhr von britischer Kohle erleichtern und ihren Absatz auf dem Kontinent steigern. Andererseits sah das NCB seinen priviligierten Zugang zur Regierung gefährdet.[90] Bei den geringen britischen Kohleexporten nach Europa sollte dieses Argument kaum Gewicht haben.[91]

Clement Davies, Führer der Liberal Party, befürwortete in der Unterhausdebatte vom 26. und 27. Juni 1950 eine britische Teilnahme an den Verhandlungen nach niederländischem Vorbild. Die Niederländer hatten Spezialkonditionen ausgehandelt, die eine Teilnahme mit absoluter Handlungsfreiheit und der Möglichkeit des Rückzugs vorsah. Die liberale Wochenzeitschrift "The Economist" unterstützte diese Position und riet " ... to accept the motion and to bring to an end the self-imposed isolation which Britain stands gloriously today."[92] Der Labour-Minister Cripps wies zu Recht darauf hin, daß Großbritannien jedoch an den Grundprinzipien des Vertrages zweifelte, während die Niederlande ausschließlich praktische Bedenken hatten:

---

[90] Wurm, Großbritannien, S. 86.

[91] Der Bericht der Working Party on Proposed Franco-German Coal and Steel Authority vom 16. Juni 1950 unterstützt diesen Tatbestand: "So far as coal is concerned the main practical problem will be to ensure that we are not put in the position of having to negotiate on the present modest scale of our export trade." DBPO (Microfiches) 145.

[92] The Economist vom 24. Juni 1950.

"It does not entitle the Netherlands Government to do what we insisted we must be able to do, and that is to discuss whether in principle a new high supra-national authority could be made acceptable to our Parliament and people."[93]

Die Haltung der beiden großen Parteien in Großbritannien zu den französischen Vorschlägen unterschied sich dagegen letztlich kaum.[94] Zunächst konnten europafreundliche Äusserungen der Konservativen - als Oppositionspartei - darüber hinwegtäuschen.[95] Die Kritik der konservativen Opposition diente wohl eher der parteipolitischen Profilierung, denn über die Ablehnung supranationaler Europa-Konzepte herrschte parteiübergreifender Konsens. Als die Konservativen im Oktober 1951 an die Macht kamen, führten sie die Europapolitik ihrer Vorgänger - auch hinsichtlich des Schuman-Plans - fort.[96]

Aufsehen erregte am 12. Juni 1950 eine Broschüre namens "European Unity", in der die Haltung der britischen Labour Party zu den französischen Integrationsvorschlägen publiziert wurde. Die Stellungnahme erschien - zeitlich ungeschickt - unmittelbar vor der Herausgabe des White Paper der Regierung zum Schuman-Plan. Hinter der Veröffentlichung standen Europaskeptiker wie Hugh Dalton, die dem National Executive Committee (NEC) angehörten. "European Unity" sprach sich eindeutig gegen eine Übertragung von nationalen Rechten auf eine Hohe

---

[93] HC Debates, 26.6.1950, Sp. 1939.

[94] So auch Jeremy Moon, European Integration in British Politics 1950-1963: A Study of Issue Change, Adlershot 1985, S. 137. "A British, rather than a party view seemed to prevail."

[95] Vgl. Leserbrief von David Eccles, in: The Times vom 8. Juni 1950.

[96] Dell beschuldigt die Konservative Partei daher des "opportunism". Dell, Schuman Plan, S. 232.

Behörde aus, da diese "would have a permanent anti-Socialist majority and would arouse the hostility of European workers".[97] Amerikanische Regierungsmitglieder sahen daher in diesem doktrinären Sozialismus den entscheidenden Grund für die britische Ablehnung des Schuman-Plans.[98] Der anti-europäische Ton der Broschüre, der illusionäre Anspruch auf einen Weltmachtstatus[99] und die Betonung der engen politischen, sozialen, kulturellen und wirtschaftlichen Beziehungen zum Commonwealth brachten die Regierung in eine unangenehme Situation:

> "In every respect except distance we in Britian are closer to our kinsmen in Australia and New Zealand on the far side of the world, than we are to Europe. We are closer in language and in origins, in social habits and institutions, in political outlook and in economic interest. The economies of Commonwealth countries are complementary to that of Britian to a degree which those of Western Europe could never equal."[100]

Bevin versuchte sich daher von den Aussagen der Publikation zu distanzieren. Er wies immer wieder darauf hin, daß "European Unity" nicht die Meinung der Regierung widerspiegelte: "... I am in a position to state that neither the Government nor the Labour deputies will take as negative an attitude as that adopted by the statement of the Labour Party

[97] European Unity. A Statement by the National Executive Committee of the British Labour Party, London 1950, S. 8.

[98] Dean Acheson, Present at the Creation. My Years in the State Department, New York 1969, S. 387.

[99] "Britian is not just a small crowded island off the Western coast of Continental Europe. She is the nerve centre of a world wide Commonwealth which extends into every continent." European Unity, S. 4.

[100] Hier wird wieder die Bedeutung der wirtschaftlichen Beziehungen zwischen Großbritannien und dem Commonwealth betont. European Unity, S. 4. Hervorhebung durch die Verfasserin.

Executive."[101] Dell spricht die Regierung aber nicht frei von jeder Verantwortung für das "statement".[102] Er bewertet "European Unity" als ein wichtiges Zeugnis für die "true feelings within the Labour Party", nicht nur bezüglich einer europäischen Integration, sondern auch gegenüber den kontinentaleuropäischen Sozialisten.[103]

2.3 Einflußnahme der USA

Seit dem Ende des Zweiten Weltkrieges waren die Amerikaner an einer deutschen Einbindung in Europa interessiert.[104] Großbritannien sollte die Integrationsbewegung in Europa anführen. In einer britischen "Leadership" sah Amerika die Garantie dafür, daß Europa nicht zu einer dritten oder neutralen Macht abdriften würde. Das Ziel der amerikanischen Regierung war, durch eine westeuropäische Einigung den deutsch-französischen Gegensatz weitestmöglich zu beseitigen und damit die amerikanische Verhandlungsposition gegenüber der Sowjetunion zu stärken.[105]

---

[101] Financial Times vom 13. Juni 1950.

[102] So auch Wurm, Großbritannien, S. 85.

[103] Dell, Schuman Plan, S. 193/205/209.

[104] Melvyn P. Leffler, A Preponderance of Power: National Security, The Truman Administration and the Cold War, Stanford 1992, S. 282.

[105] Klaus Schwabe, »Ein Akt konstruktiver Staatskunst«, in: Klaus Schwabe (Hrsg.), Die Anfänge des Schuman-Plans 1950/51, Baden-Baden 1988, S. 239.
Für Autoren wie Milward bedeutet die Unterstützung des Schuman-Plans von Seiten der USA eine Kehrtwende in einer langen Tradition amerikanischer Außenpolitik. Die EGKS habe eigentlich dem amerikanischen Integrationskonzept widersprochen, wonach ein integriertes, handelsoffenes Gesamteuropa zu einem wichtigen Pfeiler in einer mulilateralen Weltwirtschaft werden sollte. Statt dessen würde die Montanunion eher eine protektionistische Vereinigung sein. Milward, Reconstruction, S. 397 ff..

Großbritannien verhielt sich diesen amerikanischen Bestrebungen gegenüber jedoch zurückhaltend. George Kennan, Head of the State Department Planning Staff, erkannte im Juni 1949 Großbritanniens zögerliche Haltung und sah darin eine Gefahr für das amerikanische Einigungsvorhaben: "British reservations and hesitations would thus inevitably constitute the ceiling beyond which unification would not be able to advance". Er riet daher zu einer Einigung Europas "detached from Britain".[106] Auch Dean Acheson war von dem mangelnden britischen Engagement in Europa enttäuscht. Er bot daher den Franzosen im Oktober 1949 an, eine Art Führungsrolle im europäischen Einigungsprozeß zu übernehmen. Acheson schrieb Schuman am 30. Oktober 1949: "I believe that our policy in Germany, and the development of a German Government which can take its place in Western Europe, depends on the assumption by your country of leadership in Europe on these problems."[107] Als Robert Schuman am 3. Mai 1950 seinen Plan für eine Vereinigung der europäischen Kohle- und Stahlindustrie dem französischen Kabinett vorstellte, war daher René Massigli, französischer Botschafter in London, von dem amerikanischen Ursprung dieser Idee überzeugt.[108] William Diebold äußert sich zurückhaltender: "There is no evidence, however, that the Schuman Plan was <u>directly</u> inspired from the United States."[109] Der niederländische Staatsekretär für auswärtige Angelegenheiten Boon faßte die bedeutende Rolle der USA für die Entstehung des Schuman-Plans jedoch kurz zu-

---

[106] George F. Kennan, Memoirs 1925-1950, London 1968, S. 453/454.

[107] Zitiert nach: Milward, Reconstruction, S. 392.

[108] René Massigli, Une comédie des erreurs, 1943-1956: Souvenirs et réflexions sur une étape de la construction européenne, Paris 1978, S. 195.

[109] William Diebold, Imponderables of the Schuman Plan, in: Foreign Affairs 29 (Oktober 1950), S. 116. Hervorhebung durch die Verfasserin.

sammen: Der "Plan Schuman ... considéré comme une affaire européenne [en ...] entreprise principalement américaine."[110] Obwohl die amerikanische Regierung nicht an den Verhandlungen über den Schuman-Plan teilnahm, hatte sie eine "inoffizielle Beobachterrolle". Mehrfach wurden Entwürfe für den endgültigen Vertragstext nach Washington gesandt und dort kommentiert.[111]

Die Haltung der amerikanischen Öffentlichkeit zum französischen Einigungsprojekt war allerdings zunächst zurückhaltend. Während die politische Führung unter Präsident Harry Truman[112] und Außenminister Dean Acheson den Schuman-Plan begrüßte,[113] äußerte sich die amerikanische Presse zunächst skeptisch. Sie befürchtete protektionistische Maßnahmen durch die Schaffung eines Kartells. Das Wall Street Journal "maintains its opposition as before - the arrangement would cartelize and restrict trade, although its columnists have taken an interested and on the whole favourable, stand on the subject", schrieb ein britischer Diplomat aus Washington. Nur die New York Times habe die politische Bedeutung des Schuman-Plans erkannt.[114] Es war schließlich auch nicht die Presse,[115]

---

110 Zitiert nach: Annie Lacroix-Riz, Paris et Washington au début du Plan Schuman (1950-1951), in: Klaus Schwabe (Hrsg.), Die Anfänge des Schuman-Plans 1950-51, Baden-Baden 1988, S. 257.

111 Schwabe, Staatskunst, S. 211.

112 Präsident Truman begrüßte am 18. Mai 1950 den Schuman-Plan als "einen Akt konstruktiver Staatskunst". Zitiert nach: Klaus Schwabe, »Ein Akt konstruktiver Staatskunst«, in: Klaus Schwabe (Hrsg.), Die Anfänge des Schuman-Plans 1950/51, Baden-Baden 1988. Die amerikanische Regierung stellte sich sehr schnell hinter die französische Initiative. Foreign Relations of the United States 1950, Volume III: Western Europe, Washington 1977, S. 691 ff..

113 Acheson, Present at Creation, S. 384 und DBPO 64, Sir O. Franks to Mr. Younger, 31.5.1950 sowie DBPO 90, Sir O. Franks to Mr. Younger, 6.6.1950.
Acheson weist darauf hin, daß nur das amerikanische Justizministerium sich kritisch äußerte. Acheson, Present at Creation, S. 384.

114 DBPO (Microfiches) 46, From Washington to Foreign Office, 19.5.1950.

sondern der amerikanische Kongreß, der die negative Haltung Londons zum Schuman-Plan kritisierte.[116] Anthony Eden befürchtete deshalb ein Einfrieren amerikanischer Dollarhilfe an Großbritannien, wenn das Inselreich nicht an der europäischen Integration teilnehmen würde.[117] Obwohl sich die Briten dem amerikanischen Druck, an einer europäischen Vereinigung teilzunehmen, widersetzten, erhielten sie auch weiterhin eine finanzielle Unterstützung aus dem Marshall-Fonds.[118]

3. Politische Faktoren in der britischen Haltung

In der britischen Haltung zum Schuman-Plan und zur Europäischen Gemeinschaft für Kohle und Stahl spielten die politischen Faktoren eine entscheidende Rolle. Sie reichen von der britischen Ablehnung des föderalistischen Integrationsansatzes über die supranationale Stellung der Hohen Behörde bis hin zur Illusion einer britischen Weltmachtrolle. Die einzelnen politischen Aspekte sollen in diesem Kapitel genauer untersucht werden.

---

115 DBPO (Microfiches) 46, From Washington to Foreign Office, 10.5.1950. "Although, there is no criticism of Britain's 'cool' reception, some writers feel a little anxiously, that Britain's attitude will be the key factor in the success or failure of this move towards economic unity."

116 Rudolf Mittendorfer, Robert Schuman - Architekt des neuen Europa, Hildesheim u. a. 1983, S. 192.

117 DBPO 426, Enclosure, Draft Memorandum of the Secretary of State for Foreign Affairs, 30.1.1952.

118 Dell, Schuman Plan, S. 34.

3.1 Funktionalismus versus Föderalismus

Über die Frage des besten Wegs zum europäischen Zusammenschluß bestand ein britisch-französischer Gegensatz. Der spätere Außenminister Harold Macmillan machte die divergierenden Vorstellungen beider Nationen an den unterschiedlichen Charakteren fest:

> "Die kontinentale Tradition liebt es, à priori zu urteilen und vom Gipfel in die Ebene abzusteigen, von allgemeinen Prinzipien auszugehen, um zu ihrer praktischen Anwendung zu gelangen. Das ist die Tradition des heiligen Thomas von Aquin, der Scholastiker und der großen Gelehrten und Denker des Kontinents. Die Engländer lieben es, à posteriori zu diskutieren, ausgehend von der praktischen Erfahrung, um zu den Gipfeln hochzusteigen. Das ist die Tradition Bacons und Newtons."[119]

Beide Nationen bevorzugen in der Regel einen verschiedenartigen[120] Integrationsweg.[121] Während die Franzosen neue Institutionen an den Anfang der Entwicklung stellen wollen, befürworten die Briten einen

---

119 Zitiert nach: Paul-Henri Spaak, Memoiren eines Europäers, Hamburg 1969, S. 276. Exemplarisch für die britische Denkweise war das Verhalten des britischen Außenministers Bevin.

120 Im Zusammenhang mit Integrationsprozessen unterscheidet Daniel Frei sogar drei Dimensionen: die institutionelle Dimension, die sozialpsychologische Dimension und die Dimension der Transaktionen. Der föderative Ansatz beschränke sich nur auf die institutionelle Komponente. So Frei, Integrationsprozesse, S. 114/122.

121 Der Begriff ist lateinischen Ursprungs. "Integratio" bedeutet allgemein die Wiederherstellung eines Ganzen, einer Einheit, durch Einbeziehung außenstehender Elemente. "Im Völkerrecht bezeichnet Integration den Zusammenschluß von Staaten in politischer, wirtschaftlicher und/oder militärischer Hinsicht." Meyers Grosses Taschen Lexikon, Bd. 10, Mannheim u. a. 1994[4], S. 210/211. Ludolf Herbst versteht unter dem Begriff "Integration" einen Prozeß der Annäherung an das Ideal. Er vereint zugleich Prozeß, Zustand und Ziel. Herbst, Integrationstheorie, S. 161/162.

evolutionären Integrationsprozeß "by means of co-operation through specific agencies".[122]

Die theoretischen Untersuchungen zur europäischen Integrationsgeschichte unterscheiden zwischen dem föderalistischen und dem funktionalistischen Integrationsansatz. Der föderalistischen Theorie zufolge soll am Anfang die Gründung einer neuen Institution stehen und ein Teil der nationalen Souveränität auf eine "Europäische Bundesregierung" übertragen werden.[123] Dieser rechtsetzende Gründungsakt[124] bewirke nachträglich wirtschaftliche und soziale Verflechtungen bis hin zur supranationalen Zusammenarbeit ("function follows form"[125]). Der funktionalistische Integrationsbegriff[126] setzt die Einigung von technisch-unpolitischen Teilbereichen an den Anfang einer Entwicklung, da in diesen Feldern die staatlichen Widerstände relativ gering seien. Ganz nach dem Grundsatz "form follows function"[127] führe die Integration von Teilbereichen zur Bildung eines einheitlichen Gesamtsystems:

---

[122] Maurice Edelman, The Council of Europe 1950, in: International Affairs 27 (1951), S. 26.

[123] Hans-Peter Schwarz, Die europäische Integration als Aufgabe der Zeitgeschichtsforschung, in: Vierteljahrshefte für Zeitgeschichte 28 (1980), S. 561.

[124] Die föderalistische Theorie hat die Staatsgründungen der USA und der Schweiz zum Vorbild. Für Friedrich spielt der Konstitutionalismus als Integrationsinstrument eine Rolle. Carl Friedrich, Europe: An Emergent Nation?, New York 1969.

[125] Zitiert nach: Jürgen Bellers/Erwin Häckel, Theorien internationaler Integration und internationaler Organisationen, in: Politische Vierteljahresschrift Sonderheft 21 (1990), S. 293/294.

[126] David Mitrany war einer der Väter der Funktionalismustheorie.

[127] Zitiert nach: Bellers/Häckel, Theorien internationaler Integration, S. 293.

"Die funktionale Notwendigkeit, bestimmte Aufgaben nur noch auf international technokratischem Wege bewältigen zu können, führe dann mehr oder weniger automatisch zu internationalen Organisationen."[128]

Ökonomische und soziale Aufgaben sollten möglichst pragmatisch, d. h. international, gelöst werden. Über das genaue Ziel dieses Prozesses wird bewußt nichts ausgesagt, um eine Art von Staatlichkeit auf internationaler Ebene zu verhindern.[129] Die funktionalistische These wurde in den späten 50er Jahren von Ernst Haas erweitert.[130] Er formulierte die Hypothese des "Spill-Over-Effekts" (Überlauf-Effekt). Danach folge der Zusammenarbeit auf einem speziellen - unpolitischen - Sachgebiet zwangsläufig die Zusammenarbeit auf anderen - möglicherweise auch politischen - Gebieten. Die Integration aller Bereiche stehe am Ende eines solchen Prozesses. Damit gehen sowohl die föderalistische als auch die funktionalistische Integrationstheorie von der gemeinsamen Prämisse aus, daß am Ende eines Integrationsprozesses eine vollständige politische Union und die Auflösung der Nationalstaaten stehe. Die britischen Politiker der Nachkriegszeit lehnten aber eine europäische Integration, die in eine vollständige politische Union gipfelte, kategorisch ab. Haas resümiert die britische Haltung folgendermaßen: "... membership in ECSC or in any supranational system was never entertained as a serious possibility."[131]

---

128 Bellers/Häckel, Theorien internationaler Integration, S. 293/294.

129 Bellers/Häckel, Theorien internationaler Integration, S. 293/294.

130 Ernst Haas, The Uniting of Europe. Political, Social and Economic Forces 1950-1957, Stanford 1968^{2}.

131 Haas, Uniting, S. 159.

In der Präambel des EGKS-Vertrages kommt - der allgemeinen Integrationstheorie zufolge - deutlich der funktionalistische Ansatz zum Ausdruck[132] : Die Staaten sind entschlossen, "an die Stelle der jahrhundertelangen Rivalitäten einen Zusammenschluß ihrer wesentlichen Interessen zu setzen, durch die Errichtung einer wirtschaftlichen Gemeinschaft den ersten Grundstein für eine weitere und vertiefte Gemeinschaft unter Völkern zu legen, die lange Zeit durch blutige Auseinandersetzungen entzweit waren ... ."[133] Für die zeitgenössischen britischen Politiker waren aber die supranationale Stellung der Hohen Behörde, "a written code"[134] in Form eines Vertrages und die vollständige Integration aller Bereiche nicht mit ihrer Definition von Funktionalismus vereinbar.[135] Unter der "funktionalistischen Lösung" (functional approach)[136] im Einigungsprozeß verstanden sie vielmehr die intergouvernementale Zusammenarbeit von nationalen Regierungen auf der Grundlage bereits vorhandener In-

---

132 Dell behauptet dagegen: "It was a hotchpotch". Der EGKS-Vertrag sei ein "Mischmasch" aus föderalen und intergouvernementalen Elementen gewesen: Die einzelnen Staaten hätten zwar anfangs das Prinzip der Hohen Behörde befürwortet, während der Verhandlungen seien sie aber für eine Verminderung ihrer Macht eingetreten. Nach den Bestimmungen des EGKS-Vertrages wurde der Hohen Behörde ein Ministerrat beigeordnet. Dell, Schuman Plan, S. 185.

133 Der EGKS-Vertrag ist abgedruckt in: Frederick Haußmann, Der Schuman-Plan im europäischen Zwielicht. Ein Beitrag zu den Grundproblemen und zur Weiterentwicklung des Schuman-Planes, München/Berlin 1952, S. 197.

134 Monthly Statistical Bulletin, 29 (März 1954), S. 7.

135 Jasamee geht beispielsweise beim Schuman-Plan von "föderalistischen Integrationsplänen" aus. Heather J. Yasamee, Großbritannien und die Westintegration der Bundesrepublik 1948-1951, in: Ludolf Herbst u. a. (Hrsg.), Vom Marshallplan zur EWG. Die Eingliederung der Bundesrepublik Deutschland in die westliche Welt, München 1990, S. 551.

136 Clemens A. Wurm, Great Britain: Political Parties and Pressure Groups in the Discussion on European Unity, in: Walter Lipgens und Wilfried Loth (Hrsg.), Documents on the History of European Integration, Volume III: The Struggle for European Union by Political Parties and Pressure Groups in Western European Countries, 1945-1950, Berlin/New York 1988, S. 629.

stitutionen.[137] Britischerseits konnten die funktionalen Beziehungen mit dem Kontinent folglich nur auf intergouvernementalen Kontakten basieren, die möglicherweise einen graduellen Prozeß der wirtschaftlichen Integration erbracht hätten. Das Übergreifen des Integrationsprozesses auch auf politische Bereiche sollte nicht zur Disposition stehen.

Der Streit zwischen der funktionalistischen und föderalistischen Lösung der europäischen Frage beschäftigte schon lange die politisch interessierten Kreise in Großbritannien. Für die Labour-Regierung konnte eine vertiefte Kooperation nur am Ende eines langen evolutionären Prozesses stehen. Bereits im Januar 1948 sagte Premierminister Attlee:

> "Ich halte es nicht für weise, gerade heraus zu sagen 'Hier ist ein Plan'. Es wäre viel besser, zuerst zu versuchen, Resultate zu erzielen und dann auf diesen Resultaten weiterzubauen."[138]

Die britische Regierung sei nicht bereit, einem "federal system" aus westeuropäischen Staaten beizutreten, schrieb am 17. Juni 1950 Roger Makins an Außenminister Ernest Bevin.[139] Er bezog sich dabei auf die Äußerung des französischen Außenministers, daß der Schuman-Plan ein "step towards the federation of Europe" sei.[140] Die Briten befürchteten, daß der Schuman-Plan einen Spill-Over-Effekt[141] haben, d. h. auch auf

---

[137] Vgl. dazu Alan Bullock, Föderation oder Kooperation, in: Europa-Archiv 3 (1949), S. 1849-1851. Es war Harold Macmillan, der im Juni 1950 offen gestand, daß er den "Functional approach" dem "Federal approach" vorziehe. DBPO 118, Note by Dalton, 24.6.1950.

[138] Zitiert nach: Europa-Archiv 5 (1950), S. 2791.

[139] Zitiert nach: Dell, Schuman Plan, S. 90.

[140] DPBO 75, Minute from Sir W. Strang to Mr. Younger vom 2.6.1950.

[141] Darauf verweist auch Anne Deighton, Missing the Boat, in: Contemporary Record 3 (1990), S. 16.

andere Bereiche übergreifen werde. Dieser Integrationssog könnte dann später einmal in eine politische Union münden, befürchtete Cripps: " ... the proposal might lead to political federation ... ."[142] Die britischen Politiker bevorzugten - im Gegensatz zu den Franzosen und den Deutschen - einen intergouvernementalen Zusammenschluß Europas,[143] der sich allenfalls auf wirtschaftliche Teilsektoren beschränken sollte. Die Bestimmungen des Schuman-Plans würden hingegen weit über die beiden Sektoren Kohle und Stahl hinausgreifen: "The kind of topics with which it would have to deal, e.g. tariffs, wages or the location of individual plants, raised issues going much wider than the scope of the two industries concerned, large and important though they were," erklärte Shone von der BISF.[144]

Für Richard Crossman war der Föderalismus nur ein Mittel schwacher Staaten, um die eigenen Probleme zu verdecken. Sein Standpunkt entsprach dem der Labour-Regierung, wenn er sagte: "The amount of enthusiasm for federal union in any country is a measure of its defeatism and of its feeling of inability to measure up to its own problems."[145]

---

142 DBPO 24, Record by Sir R. Makins of a conversation between Sir S. Cripps and M. Monnet, 15.5.1950.

143 Bereits am 20. Juni 1950 hatte das FG Committee einen Bericht fertiggestellt, in dem es sich für ein Konzept der zwischenstaatlichen (intergouvernementalen) Kooperation als Konzept der Zusammenarbeit aussprach, da diese Form keine supranationale Behörde impliziere. In dem Bericht wird der intergouvernementale Zusammenschluß folgenderweise definiert: "The working party recommend that the Authority should consist of independent people (nominated by Governments) who are representatives neither of Governments nor of the industries concerned. The Authority should be responsible in its collective capacity to an inter-Governmental body which could be specially established for the purpose and might consist either solely of Government representatives or of representatives of Governments and both sides of industry. ... We consider that ... it should start by having only advisory functions ... ." DBPO 109, Note by the Secretary of the Cabinet, Annex I, 20.6.1950.

144 Zitiert nach: Wurm, Political Parties, S. 744.

145 HC Debates, 26.6.1950, Sp. 2041.

Britisches Vorbild für Beziehungen zu anderen Staaten war das Verhältnis zum Commonwealth. Zwischen Großbritannien und dem Commonwealth bestünde ein "tacit agreement",[146] erläuterte Robert Hall in einem Arbeitspapier. Großbritannien zog diese informelle Beziehung mit dem Commonwealth einem "written arrangement on constitutional lines" (EGKS-Vertrag[147]) mit dem Kontinent vor.[148] Diese Formlosigkeit von Beziehungen bezeichnet Dell als Funktionalismus.[149]

Als die wesentlichen Kennzeichen eines "Functional approach" der Briten nennt Dell ein pragmatisches "Step-by-step"-Vorgehen auf intergouvernementaler Basis und ein Abkommen, das Aussichten für die Zukunft offenlasse und eine freie, ungebundene Entscheidung der einzelen Regierungen erlaube.[150] Der amerikanische Außenminister Dean Acheson sah diesen funktionalistischen Ansatz auch im Schuman-Plan verwirklicht: "The genius of the Schuman-Monnet Plan lay in its practical commonsense approach, its avoidance of the appearance of limitations upon

---

[146] Zitiert nach: Dell, Schuman Plan, S. 98.

[147] Er stehe für "inflexibility" schrieb das Monthly Statistical Bulletin. Monthly Statistical Bulletin 29 (März 1954), S. 7.

[148] "The practical expression of this informality was functionalism", schreibt Dell. Dell, Schuman Plan, S. 99.

[149] Gegen die Gleichsetzung von Föderalismus mit Konstitutionalismus ist die Times. Sie stützt sich auf die französische Interpretation des Begriffs, wenn der Pariser Korrespondent schreibt: "The word federation must no longer be taken in its usually accepted constitutional sense. It should be taken to indicate a growing network of common interests, jointly managed, among the countries in Europe." The Times vom 22. Mai, 1950.

[150] Auch Kenneth Younger betont die Wichtigkeit eines praktischen Vorgehens: "We do not believe that the unity of Europe can be achieved by joining slogans or by formulating paper schemes before a practical basis of co-operation has been worked out." HC Debates, 28.3.1950, Sp. 214. Hierbei ist zu beachten, daß die Briten strikt zwischen "Unity" und "Union" unterscheiden: "Unity, said the British, involved conventional forms of cooperation and was desirable; union involved the surrender of sovereignty and was out of the question." Michael J. Hogan, The Marshall Plan. America, Britain, and the Reconstruction of Western Europe, 1947-1952, Cambridge 1987, S. 318.

sovereignty and touchy political problems."[151] Nach seiner Auffassung hätte Goßbritannien problemlos an der Schuman-Gemeinschaft teilnehmen können, wenn es an einer europäischen Einigung interessiert gewesen wäre. Für die meisten Briten, wie den Konservativen Duncan Sandys, war die Übertragung von Hoheitsrechten auf eine Hohe Behörde mit einem "functional approach" indessen nicht vereinbar.[152] "As events proved, the Schuman Plan went beyond such a functional approach. By its arbitrary character, it lacked the virtue of a democratic federal body, while lacking the voluntary character of a functional body",[153] behauptete 1951 auch der britische Abgeordnete Maurice Edelman.

Das funktionalistische Integrationskonzept negiere jeden Akt der Rechtssetzung und "involves no federal constitution and no irrevocable transfer of sovereign powers."[154] Sandys behauptete, solange eine Organisation an dem Prinzip einer supranationalen Behörde festhalte, "it is still federation."[155] Föderalismus und Suprantionalität seien damit identisch[156]

---

[151] Dean Acheson, Present at the Creation. My Years in the State Department, London 1969, S. 384.
So auch Wilfried Loth, Sozialismus und Internationalismus. Die französischen Sozialisten und die Nachkriegsordnung Europas 1940-1950, Stuttgart 1977, S. 264. "Monnet hatte anders als die Sozialisten weniger das Zielbild einer europäischen Föderation als die konkreten Probleme des Jahres 1950 vor Augen; sein ursprüngliches Vorhaben, wie es in der Erklärung vom 9. Mai zum Ausdruck kam, war daher wesentlich an der funktionalistischen Methode im Sinne eines David Mitrany orientiert, deren Prinzip es war, nicht Staaten zu föderieren ... ."

[152] Hierbei solle erst eine Integration von Teilbereichen am Anfang der Entwicklung stehen. Bereits im September 1948 sprach sich Bevin für ein pragmatisches Vorgehen aus und äußerte seine Skepsis bezüglich eines voreiligen Handelns: "I don´t think it will work if we ... put the roof on before we have built the building." Zitiert nach: Wurm, Großbritannien, S. 76.
Den gleichen Einwand erhebt Großbritannien auch gegen das Projekt einer Europäischen Wirtschafts- und Währungsunion.

[153] Maurice Edelman, The Council of Europe 1950, in: International Affairs 27 (1951), S. 27.

[154] So Sandys im House of Commons. HC Debates 13.11.1950, Sp. 1410.

[155] Zitiert: nach Dell, Schuman Plan, S. 103. Monnet sah das anders: "The question of a

und die Hohe Behörde der Prototyp einer föderalen Institution in Europa.[157] Die britischen Politiker sahen in dieser Einrichtung keinen angemessenen Vertreter ihrer nationalen Interessen, schreibt Lord[158]. Dies dürfte daher im politischen Bereich der wesentliche Grund dafür gewesen sein, daß Großbritannien eine Teilnahme am Schuman-Plan ablehnte.

3.2 Fehlende Konsultationen

Die britische Haltung gegenüber dem Schuman-Plan wurde nicht zuletzt auch durch das formale Element mangelnder vorheriger französischer Konsultation negativ beeinflußt.[159] So wurde Außenminister Bevin erst unmittelbar vor der Presseerklärung Schumans von dem französi-

---

suprantional authority does not necessarily mean a federation, ...We can have a communal army, obeying a suprantional authority created by the associated states. But all does not create a federal state." Zitiert nach: Robert Schuman, French Policy towards Germany since the War, London 1953, S. 20.

[156] Lord behauptet dagegen: "Supranationalism ... was not the same as federalism." Die Briten bevorzugten den "intergovernmentalism" als Form der europäischen Zusammenarbeit. Das Vetorecht erschien ihnen manchmal auch nicht als ausreichender Schutz für die nationale Souveränität. Lord, Absent, S. 29/30.

[157] DBPO 104, Note by the Foreign Office, 16.6.1950.
Dieser Meinung ist auch Paul Reuter: " ... la Communauté européenne du charbon et de l´acier est d´essence beaucoup plus fédérale qu´internationale, elle suppose un véritable transfert de souveraineté comme aucun des Etats qui ont y ont adhéré n´en a jusqu´ici accepté." Paul Reuter, La conception du pouvoir politique dans le Plan Schuman, in: Revue Française de Science Politique 1 (1951), S. 258.

[158] Lord, Absent, S. 4. "European integration and the nation state were regarded as opposite entities."

[159] Der amerikanische Außenminister Dean Acheson wurde als einziger Politiker eines anderen Staates bereits am 7. Mai in einem persönlichen Gespräch mit Schuman von der Lancierung des französischen Vorhabens unterrichtet. So Acheson, Present at Creation, S. 385. Konrad Adenauer wurde am darauffolgenden Tag durch einen persönlichen Brief in das französische Projekt eingeweiht. Dies verdeutlicht das enge Verhältnis der drei Staaten auf dem Gebiet der Europapolitik.

schen Vorhaben unterrichtet. Zwei Stunden[160] vor Schumans Ansprache am 9. Mai erhielt Bevin Nachricht von dem französischen Projekt.[161] Das britische Außenministerium zeigte sich vom Schuman-Plan überrascht.[162] Er schlug ein wie eine Bombe ("bombshell").[163] Der amerikanische Außenminister Dean Acheson beschreibt in seinen Erinnerungen einen verärgerten Bevin:

> "Waiting for us at the Foreign Office, Bevin was in a highly emotional state, very angry with me and, what was much worse, rapidly working himself into bitter opposition to Schuman and the Schuman Plan. He at once charged that Schuman and I had cooked up the whole plan, purposely keeping him in the dark ... ."[164]

Gerade hier setzt Dell seine Kritik am Foreign Office an. Ein aufmerksamer Beamtenstab hätte von Schumans Vorhaben nicht überrascht sein dürfen, denn "something was in the air and had been for many months".[165] Auch der spätere Außenminister der Konservativen, Anthony

160 Lord, Absent, S. 14.

161 DBPO 1, Mr. Bevin to Sir O. Harvey, 9.5.1950.

162 Bullen, Government, S. 199.

163 Dirk Spierenburg/Raymond Poidevin, The History of the High Authority of the European Coal and Steel Community. Supranationality in Operation, London 1994, S. 9.

164 Acheson, Present at Creation, S. 385. Für das Verhalten von Bevin spielten sicherlich auch die persönlichen Ressentiments gegenüber dem französischen Vorschlag eine Rolle. Dazu siehe auch: John Gillingham, Coal, Steel and the Rebirth of Europe, 1945-1955. The Germans and French from Ruhr Conflict to Economic Community, Cambridge 1991, S. 238.

165 Dell, Schuman Plan, S. 26.

Eden, bedauerte in der Unterhausdebatte vom 26. Juni 1950 die Unaufmerksamkeit des Foreign Office: "We ought to have been better prepared for that French initiative and ... we ought to have been ready with proposals of our own .... ."[166]

Das Resultat der französischen Verschleierungstaktik war ein verärgertes britisches Außenministerium. Bevin fühlte sich hintergangen, da Großbritannien als einzige der westlichen Besatzungsmächte so spät von dem französischen Projekt erfahren hatte. Seine Enttäuschung zeigte er deutlich: "All three Governments were administrating Germany and he had thought that the principle of consultation had been established."[167] Ein allgemeiner Konsens herrschte vor, daß die französische Regierung sich "extremely badly" verhalten habe "in springing this proposal on the world at this juncture without any attempt at consultation with H.M. Government".[168] Die französische Politik des "fait accompli" faßte die britische Regierung als einen politischen Affront auf und machte sie von Anfang an skeptisch gegenüber den französischen Integrationswünschen. Durch das französische Verhalten fühlte sie sich zu einer europäischen Macht zweiten Ranges degradiert. Großbritannien war als Besatzungsmacht in Deutschland für das Kerngebiet zuständig, das vom Schuman-Plan berührt

---

166 HC Debates, 26.6.1950, Sp. 1915.

167 DBPO 12, Record of Conversation in London between Mr. Bevin, Mr. Acheson and M. Schuman, 11.5.1950. Der Affront wurde auch noch dadurch verstärkt, daß 3 Tage nach der Verkündigung des Schuman-Plans, am 12. Mai 1950, eine Außenministerkonferenz in London stattfinden sollte, auf der Schuman seinen britischen Kollegen in seine Pläne hätte einweihen können. So auch Hanns Jürgen Küsters, West Germany´s Foreign Policy in Western Europe, 1949-58: The Art of the Possible, in: Clemens A. Wurm (Hrsg.), Western Europe and Germany. The Beginnings of European Integration 1945-1960, Oxford/Washington 1995, S. 65. "Schuman´s announcement ... was a clever tactical step to relieve the French from Anglo-American pressure to review their German Policy."

168 DBPO 3, Record of Meeting at No. 1 Carlton Gardens, 10. Mai 1950.

wurde: die Ruhr. Es hätte daher frühzeitig von den französischen Plänen über eine vorwiegend deutsch-französische Verständigung unterrichtet werden müssen. Dean Acheson beschreibt, daß Bevin über das französische Vorgehen ungehalten war. Auf einem Treffen mit Schuman in London am 11. Mai 1950 habe sich Bevin folgendermaßen verhalten:

> "Bevin launched into a strong attack upon the announcement of the Coal and Steel Plan without prior agreement, or even consultation, among the powers occupying West Germany."[169]

Die "uncompromising"[170] Form, in der das französische Vorhaben publik gemacht wurde, schuf sicherlich keine gute Voraussetzung für eine britische Teilnahme am Schuman-Plan.

3.3 Der Sprung ins Dunkle

Ein weiteres Hindernis für die britische Teilnahme war die französische Forderung, von vorneherein die am 9. Mai 1950 dargelegten Grundprinzipien, wie die Übertragung der Souveränität an eine supranationale Behörde, bindend zu unterschreiben.[171] Die Briten waren skeptisch gegenüber den unpräzisen Vorstellungen der Franzosen, die die Kompetenzen und Funktionen der Hohen Behörde betrafen. Sie erklärten

---

[169] Acheson, Present at Creation, S. 386.

[170] So Stikker, siehe: DBPO 6, Hall-Patch to Bevin vom 10. 5. 1950.

[171] Milward bezeichnet diese Situation als "leap in the dark". Reconstruction, S. 400. Das Zitat drückt die Unvorhersehbarkeit des Integrationsprozesses aus. Selbst Schuman sprach vom "saut dans l'inconnu". Zitiert nach: Rudolf Mittendorfer, Robert Schuman - Architekt des neuen Europa (Historische Texte und Studien, Band 6), Hildesheim u. a. 1983, S. 173.

sich daher nicht bereit, einen "Blankoscheck"[172] zugunsten eines Plans zu unterschreiben, dessen praktische Details noch im Dunkeln lagen:[173] " ... His Majesty´s Government could not engage themselves at this point to accept the principle of pooling as proposed in the French Government´s invitation. We must see first more precisely what the plan would contain," erklärte der britische Botschafter in Paris.[174]

Bevin informierte am 25. Mai 1950 das Economic Policy Committee (EPC), daß die französische Regierung darauf bestünde, "that the United Kingdom Government must commit themselves to acceptance of the priciples of the scheme before discussion in the detail".[175] Die britische Regierung lehnte es ab, die französischen Prinzipien blindlings anzuerkennen. Großbritannien könne nur an den Verhandlungen teilnehmen, wenn "a clearer picture of how the poposals would operate in detail"[176] ausgearbeitet worden seien.[177] Sie schlug daher vor, zunächst über "the nature of the scheme and its full political and economic consequences" zu diskutieren.[178] Gegenüber den britischen Einwänden verhielten sich die französischen Politiker kompromißlos. "The French left the British

---

172 DBPO 74, Sir V. Mallet to Mr. Younger, 1.6.1950.

173 In dem britischen Verhalten sieht Diebold ein Paradoxon: Einerseits habe Großbritannien den Schuman-Plan abgelehnt, weil es angeblich nicht wußte, was er bedeutete; andererseits wußten die Briten, "that it meant international control". William Diebold, Imponderables of the Schuman Plan, in: Foreign Affairs 1 (1950), S. 122.

174 DBPO 46, Sir O. Harvey, 26.5.1950.

175 DBPO 41, Anm. 3, Bevin to the Economic Policy Committee, 25.5.1950.

176 DBPO 41, Mr. Bevin to Sir O. Harvey, 25.5.1950.

177 So auch The Iron and Coal Trades Review 160 (1950), S. 1309: "It [Great Britain] cannot bind itself in advance to principles without knowing how they will work out."

178 Zitiert nach: Acheson, Present at Creation S, 387.

government with no real alternative," kommentiert Geoffrey Warner.[179] In einem Kompromiß sahen Monnet und Clappier eine Gefahr für die Durchsetzung ihrer deutschlandpolitischen Ziele.[180] Der britische Vorschlag einer vorherigen Präzisierung der Bestimmungen des Schuman-Plans wurde von Frankreich abgelehnt.

In der Koppelung von der Möglichkeit, an den Schuman-Plan teilzunehmen, und dem Bekenntnis zu den französischen Vorschlägen sieht Friedrich W. Grote einen wichtigen Grund für die britische Ablehnung.[181] Dell behauptet dagegen, daß die britische Teilnahme an den Schuman-Plan-Verhandlungen keine prinzpielle Festlegung auf "a federalist political framework for Europe" bedeutet hätte.[182] Der französische Kabinettschef Bernard Clappier habe Botschafter Harvey sogar klar zu verstehen gegeben, daß die Unterschreibung des Communiqués über eine Teilnahme an den Schuman-Plan-Verhandlungen noch keine Verpflichtungen im Sinne des späteren Vertrages schaffen werde. Gleichzeitig sah Clappier aber auch die Nowendigkeit, die Prinzipien des französischen Plans grundsätzlich zu akzeptieren, damit die Schuman-Plan-Verhandlungen erfolgreich verlaufen konnten.[183] In dem britischen Vorschlag, zunächst einmal über das französische Projekt zu diskutieren, sieht Dell wohl zu Recht nur einen Vorwand, die wahre Haltung zum Schuman-Plan

---

[179] Geoffrey Warner, The Labour Governments and the Unity of Western Europe, 1945-51, in: Ritchie Ovendale (Hrsg.), The Foreign Policy of the British Labour Governments, 1945-1951, Leicester 1984, S. 72.

[180] DBPO 92, Sir O. Harvey to Mr. Younger, 6.6.1950.

[181] Friedrich W. Grote, Die Eisen- und Stahlindustrie im Wandel der englischen Wirtschaftsordnung seit 1945, Diss. masch. Bonn 1959, S. 260.

[182] Dell, Schuman Plan, S. 131.

[183] DBPO 50, Sir O. Harvey to Mr. Bevin, 26.5.1950.

zu verschleiern. Andere Länder hätten ihre Teilnahme auch nicht von detaillierteren Vorschlägen abhängig gemacht.[184]

Am 1. Juni 1950 unterschrieben Deutschland, Italien, Belgien, Luxemburg und die Niederlande ein Communiqué, in dem sie sich für eine Teilnahme an den Verhandlungen über den Schuman-Plan unter Bekräftigung der Prinzipien des Plans aussprachen.[185] Die britische Regierung lehnte derartige weitreichende Zugeständnisse bereits am 31. Mai ab, denn "they feel unable to associate themselves with a communiqué which appears to take decisions prior, rather than as a result of, intergouvernmental discussions".[186] Sie schlug vor, zunächst eine Ministerkonferenz anzuberaumen.[187] Der britische Vorschlag wurde von der französischen Regierung abgelehnt. Für Botschafter Harvey war das Scheitern einer britisch-französischen Übereinkunft das klassische Beispiel für die unterschiedliche taktische Vorgehensweise beider Nationen. Er sah die Schwierigkeit "of reconciling French cartesianism with empiricism, the French habit if proposing lofty aims and then thinking out the methods of achieving them with the British habit only advancing step by step".[188]

Als die Konferenz der Sechs über den Schuman-Plan am 20. Juni 1950 begann, blieb Großbritannien den Verhandlungen fern. Acheson bewertet die britische Ablehnung als "the first wrong choice", aber nicht

---

[184] Dell, Schuman Plan, S. 131.

[185] The Times vom 1. Juni 1950.

[186] DBPO 62, Mr. Younger to Sir. O. Harvey, 31.5.1950.

[187] Der amerikanische Botschafter in Paris, Douglas, sprach sich gegen den britischen Vorschlag aus. Acheson sah darin sogar die Gefahr, daß die Briten "would be able to wean the other Continental powers away from the French proposal, and on the other hand induce them to become associated with their own method of dealing with the matter". DBPO 86, Record of conversation by Sir W. Strang, 3.6.1950, Anm. 3.

[188] DBPO 92, Sir O. Harvey to Mr. Younger, 6.6.1950.

als letzte Chance für Großbritannien, einem vereinten Europa beizutreten.[189]

3.4 Die supranationale Stellung der Hohen Behörde

Hohen Behörde,[190] die ein "abatment of sovereignty"[191] bedeutet hätte. Die britische Kritik richtete sich gegen die supranationale Stellung und die fehlende demokratische Kontrolle der neuen Institution. Bevin wiederholte die Position der britischen Regierung, als er sagte "that on no account must H.M. Government come into an arrangement providing for an Authority independent of Governments".[192] Die Briten sahen die Gefahr einer supranationalen Behörde darin, daß sie "might compel us to things, we do not want to do".[193] Der Oppositionsführer Winston Churchill wandte sich vor allem gegen eine supranationale Behörde, die der britischen Kohlen- und Stahlproduktion Beschränkungen auferlegen könnte. Seiner Meinung nach sollte die britische Regierung aber trotzdem an den Verhandlungen über den Schuman-Plan teilnehmen, um ihre Einwände in die Diskussion einzubringen:

---

189 Acheson, Present at Creation S, 387.

190 Der EGKS-Vertrag von 1952 bestimmte, daß die Hohe Behörde aus neun Mitgliedern zu bestehen habe, die jede Handlung zu unterlassen sollten, die mit dem übernationalen Charakter ihrer Tätigkeit unvereinbar sei. Ihre Entscheidungen seien verbindlich. Artikel 9 und 13 des EGKS-Vertrages. Abgedruckt, in: Haußmann, Der Schuman-Plan, S. 200-202.

191 Zitiert nach: Bullen, Government, S. 202.

192 DBPO 101, Minute from Sir P. Dixon to Sir R. Makins, 13.6.1950.

193 Zitiert nach: Dell, Schuman Plan, S. 274.

"Would you agree to supra-national authority which has the powers to tell Great Britain not to cut any more coal and make any more steel, but to grow tomatoes instead? I should say, without hesitation, the answer is 'No'. But why not be there to give the answer."[194]

Dell glaubt, daß die französische Regierung den britischen Befürchtungen einer fehlenden demokratischen Legitimation der Hohen Behörde entgegengekommen wäre:

"If they had put the undemocratic nature of the High Authority in the forefront, they might have been embarrassed to find the French cooperative in solving that specific problem."[195]

Für Dell steht fest, "that abstention is not a good way of influencing European developments".[196] Keiner der genannten Gründe war für ihn die Ursache für die britische Nichtteilnahme an dem Schuman-Plan:

"The obstacle was neither the Empire nor federalism nor even the supranational and undemocratic High Authority. The obstacle was lack of leadership, of imagination, of analytical and diplomatic skill."[197]

---

[194] Notes on Current Policy 12 (1950), S. 17.

[195] Dell, Schuman Plan, S. 177.

[196] Dell, Schuman Plan, S. 270.

[197] Dell, Schuman Plan, S. 299. Diese Beurteilung lehnt Lord als eine simple Vereinfachung ab. Er schreibt: "One view of these events was that there was nothing inevitable to Britain´s exclusion at the first hudle from the Coal and Steel Community. It was the result of weaknesses of decision-making and diplomacy within and between the British and French Governments. ... A second interpretation is that the Plan was handled with ruthless efficiency by Schuman and his associates; ... . Both views need to be rejected as simplifications ... ." Lord, Absent, S. 7.

Lord sieht dagegen tieferliegende Gründe für das britische Abseitsstehen: Der Glaube an die eigene konstitutionelle Überlegenheit und das Mißtrauen gegenüber dem politischen System auf dem Kontinent hätten eine britische Teilnahme am Schuman-Plan verhindert.[198] Die Briten waren von der Überlegenheit des Westminster-Parlaments überzeugt und lehnten jeden Gedanken an eine "state supplementing role" der Schuman-Plan-Organe ab. Christopher Lord resümiert: "Britian´s elite mistrusted the political systems of West Europe and feared that excessively close contact would risk contamination of what they considered to be their own uniquely successful polity."[199]

Sir Roger Makins unterrichtete Kenneth Younger, daß die Franzosen endlich wissen wollten "whether we are, in principle, willing to surrender sovereignty over our iron and steel industries if a scheme acceptable to us can be worked out".[200] Der Beamte Duncan Wilson gab vor, daß die britische Regierung grundsätzlich zu einer Übertragung von Souveränitätsrechten bereit sei, solange diese keinen ersten Schritt zu einer europäischen Föderation bedeute:

---

198 Lord, Absent, S. 52.

199 Lord, Absent, S. 34/41.

200 DBPO 60, Sir R. Makins to Mr. Younger, 31.5.1950.

"Though Ministers have not formally decided in principle against an important sacrifice of sovereignty (such as might be involved in participation) to any international body, it was clear from the debates on the Schuman Plan last summer that there is no substantial support in any party for joining a body with supra-national powers. There are moreover powerful arguments against sacrifing sovereignty to a body which is avowed by the French to be only a first step towards a Western European federation."[201].

Der Beschluß des britischen Kabinetts vom 2. Juni 1950 sah vor, der Hohen Behörde[202] über Kohle und Stahl nur beizutreten, wenn sie intergouvernementalen Charakters wäre. Bereits 1948 hatte Bevin erklärt: "Decisions must be kept in the hands of governments and their representatives."[203] Von der Möglichkeit, die Verhandlungen durch die eigene Anwesenheit zu beeinflussen, wurde abgesehen.

Aber auch ohne eine Präsenz der britischen Beamten wurden die anfänglichen Regelungen des Schuman-Plans weitreichend abgeändert. So wurde beispielsweise die Entscheidungsmacht der Hohen Behörde in dem EGKS-Vertrag, den am 18. April 1951 die sechs Staaten - Frankreich, Deutschland, Italien, Belgien, Luxemburg und die Niederlande - unterzeichneten, eingeschränkt. Die Hohe Behörde behielt zwar supranationale Kompetenzen, ihr wurde aber ein Ministerrat beigeordnet.[204] In dem

---

[201] DBPO 278, Memorandum by Mr. Wilson, 30.4.1951.

[202] Die Einrichtung einer Hohen Behörde hätte die Abschaffung der Internationalen Ruhrbehörde bedeutet. Während die Briten auf eine Dreimächte-Konferenz spekulierten, wurde die Abschaffung der IAR (International Authority for the Ruhr) aber mit dem Inkraftreten des Schuman-Planes verbunden.

[203] Zitiert nach: Warner, Governments, S. 69.

[204] EGKS-Vertrag Artikel 26, 27, 28. Abgedruckt in: Haußmann, Schuman-Plan, S. 205/206. Die Benelux-Vertreter wollten den Ministerrat ursprünglich sogar der Hohen Behörde überordnen. Loth, Weg nach Europa, S. 85.

EGKS-Vertrag wurde festgelegt, daß die Hohe Behörde erst handeln darf, wenn sie zuvor die im Rat vertretenen Regierungen konsultiert hatte. Der Ministerrat konnte ihr in bestimmten Situationen Weisungen erteilen und mußte bei Maßnahmen der Behörde, die Einfluß auf andere Wirtschaftsbereiche haben würden, seine Zustimmung geben. In vielen Bereichen behielten die Regierungen die Entscheidungsmacht. Deshalb resümiert Diebold: "The High Authority was new, and not as powerful as it appeared in Treaty law."[205]

Nach dem Wahlsieg der Konservativen im Oktober 1951 faßte Churchill die Haltung der neuen britischen Regierung zum Schuman-Plan folgendermaßen zusammen: Großbritannien "should be with it but not of it."[206] Keine Teilnahme, sondern eine Assoziierung an die Schuman-Gemeinschaft wurde daher auch von der neuen Regierung angestrebt. Nach Young war Großbritannien dem Prinzip einer "intergovernmental economic co-operation", wie der OEEC, verhaftet. Großbritannien war folglich nicht "simply anti-European".[207]

---

[205] William Diebold, The Schuman Plan: A Study in Economic Cooperation, 1950-1959, New York 1959, S. 596/597.

[206] DBPO 418, Extract from a record of a meeting, 17.12.1951.

[207] John W. Young, The Schuman-Plan and British Association, in: The Foreign Policy of Churchill's Peacetime Administration 1951-1955, Leicester 1988, S. 109.

3.5 Selbstausschluß

Nach Ruggero Ranieri sei es auch gar nicht die Absicht von Monnet gewesen, daß Großbritannien an dem Schuman-Plan teilnehmen sollte.[208] "They don´t want us", resümierte Bevin die französischen Intentionen.[209] Monnet spielte eine wichtige Rolle "in keeping the United Kingdom out of the Schuman Plan", behauptet Ranieri.[210] Den Grund dafür sieht Diebold in dem französischen Wunsch nach erfolgreichen Verhandlungen. Die Franzosen hatten Angst "that the dragging of British feet during the negotiations would be more damaging to the success of the Plan than the British exclusion".[211] Anders sieht das Dell.[212] Monnet habe "persistent efforts" unternommen "to secure British participation".[213] Die Verantwortung für den britischen Ausschluß lag bei der Regierung Attlee, behauptet Dell, denn "the British were wanted".[214] Die Annahme, die Fran-

---

[208] Alfred Grosser behauptet im übrigen, Schuman habe im voraus gewußt, daß die Briten den französischen Plan ablehnen würden: "M. Robert Schuman savait assurément que son invitation n´aurait été acceptable pour l´Angleterre que s´il s´était limité le 9 mai des principes géneraux excluant en particulier l´idée de supra-nationalité." Zitiert nach: Georgette Elgey, Histoire de la IVe République. La république des illusions 1945-1951, Paris 1965, S. 448.

[209] So Bevin zu James Callaghan, zitiert nach: James Callaghan, Time and Chance, London 1987, S. 79.

[210] Ranieri, Magic Circle, S. 138. Neben fehlenden vorherigen Konsultationen werden in der Forschung auch der Ablauf der Verhandlungen mit Großbritannien im Mai 1950 und das starre Ultimatum der Franzosen als Beweise hierfür angeführt.

[211] Diebold, Imponderables, S. 118.

[212] Auch Lord verteidigt das Verhalten von Monnet und Schuman. "Monnet and Schuman were merely delivering on a agreement, already made with Britain and America in September 1949, that France would make concrete proposals for the future of Germany ... ." Lord, Absent, S. 16.

[213] Dell, Schuman Plan, S. 5.

[214] Dell, Schuman Plan, S. 5.

zosen hätten eine britische Teilnahme am Schuman-Plan gar nicht gewollt, habe dem Foreign Office als einfache Ausrede gedient "to defend the British decision not to participate."[215] Immer wieder forderte der französische Außenminister die Briten auf, am Schuman-Plan teilzunehmen.[216] Doch Großbritannien steuerte eindeutig auf einen Selbstausschluß zu.

3.6 Die Illusion einer britischen Weltmachtrolle

Großbritannien betrachtete sich 1950 noch als "World power".[217] Die Briten beanspruchten auch weiterhin, trotz des Verlustes Indiens und der Pfund-Krisen, zu den "Großen Drei" zu gehören.[218] Statussymbole hierfür waren der ständige Sitz im VN-Sicherheitsrat, die Mitgliedschaft im Allierten Kontrollrat in Deutschland und - teure - Atomwaffen. Seine Weltmachtrolle sah Großbritannien durch eine europäische Einbindung gefährdet, die es zu einer regionalen Macht zweiten Ranges degradieren

---

215 Dell, Schuman Plan, S. 127.

216 Obwohl die britische Regierung am 2. Juni eine Teilnahme ablehnte, unterstrich Schuman die Möglichkeit, daß Großbritannien zu einem späteren Zeitpunkt an dem Plan teilnehmen könne. DBPO 85, Sir O. Harvey to Mr. Younger, 3.6.1950. Anderer Hinweis: DBPO 122, Record by Sir O. Harvey of a conversation with M. Schuman, 29.6.1950.

217 Erst die Demütigung in Suez 1956 enthüllte die Tatsache, daß Großbritannien in der Dritten Welt militärisch nicht eingreifen konnte, wenn die Amerikaner dies mißbilligten. Stephen George, Britain and European Integration since 1945, Oxford u. a. 1991, S. 43/44.

218 Wurm, Political Parties, S. 632.
Diese Einstellung entsprach Churchills Konzept der "Drei Kreise". Nach dieser Theorie gab es neben Europa noch zwei weitere Kreise, die für Großbritannien von besonderer Bedeutung waren: die USA und das Commonwealth. Vgl. Stephen George, Awkward Partner, S. 14.
Im Rahmen des Commonwealth und der Sterlingzone verfügten die Briten über ein weltumspannendes Handels- und Währungsgebiet.

würde.[219] Ein wichtiger politischer Faktor, der die britischen Haltung zum Schuman-Plan und zur EGKS beeinflußte, war außerdem die stark ausgeprägte Affinität zum Commonwealth und die Vorstellung von der "Special relationship" zu den USA. Großbritannien sei das "nerve centre of a world wide Commonwealth", schrieb die Broschüre "European Unity" der Labour Party.[220] Auch europafreundliche Staatsmänner wie Harold Macmillan gaben den Beziehungen zum Commonwealth ihren Vorrang: "The Empire must always have first preference for us. Europe must come second in a specially favoured position."[221] Bevin und Cripps bestätigten diese Rangliste. Die "devaluation" habe gezeigt, daß Großbritannien vor allem auf Länder außerhalb Europas angewiesen sei.[222] Großbritannien sei "the banker for the sterling area", fügte die Publikation der Labour Party, "European Unity", selbstbewußt hinzu.[223]

In den 50er Jahren spielte das Commonwealth auch in verteidigungspolitischen Fragen eine wichtige Rolle. Lord bezeichnet es als "Britain´s defence of last resort".[224] Für Großbritannien war das Commonwealth eine "new power base"[225], eine wichtige Grundlage für gleichberechtigte Beziehungen zu den USA. Daß auch "some closer union in Western Europe" in Form des Schuman-Plans das politische Gewicht

---

219 Roger Makins war der Meinung, jeder Integration folge "the desintegration of the sterling area and speed the end of Britain as world power." Zitiert nach: Deighton, Missing, S. 16.

220 European Unity, S. 4.

221 Zitiert nach: Dell, Schuman Plan, S. 64.

222 Dell, Schuman Plan, S. 73.

223 European Unity, S. 4.

224 Lord, Absent, S. 66.

225 Ebenda, S. 67.

Großbritanniens stärken konnte, fand kaum Beachtung. Der Rolle, als "bridge" zwischen Westeuropa und Nordamerika zu fungieren,[226] maß das Vereinigte Königreich einen geringeren Stellenwert zu.

Die Haltung der Commonwealth-Länder gegenüber einer britischen Teilnahme am Schuman-Plan fiel dagegen doch sehr unterschiedlich aus. Der australische Premierminister Robert Menzies äußerte sich noch allgemein, wenn er in der Unterhausdebatte vom 26. Juni 1950 die Idee einer europäischen Union befürwortete: "I, for one, am not, therefore, hostile to the basic idea of European union, but friendly to it and hopeful for it."[227] Kanada war präziser, als es eine britische Teilnahme an den Verhandlungen über die französischen Vorschläge begrüßte. Die südafrikanische Regierungspresse ging sogar so weit, die britische Haltung zum Schuman-Plan zu kritisieren und wies mögliche Schwierigkeiten "in respect of Commonwealth obligations" zurück.[228] Nur die Presse in Neuseeland unterstützte die ablehnende Haltung der britischen Regierung "to take part in discussions on the plan on the French terms."[229] In Indien, Pakistan und Ceylon hatten sich weder Regierung noch Presse zu den französischen Vorschlägen geäußert.

Daraus folgerte der Secretary of State for Commonwealth Relations: "It is fair to say, however that all Commonwealth countries would not necessarily react alike." Australien und Neuseeland würden

---

[226] DBPO 209, Memorandum for the Permanent Under-Secretary's Committee, 13.2.1951.

[227] HC Debates, 26.6.1950, Sp. 1912.

[228] DBPO 130, Memorandum by the Secretary of State for Commonwealth Relations, 3.7.1950, Annex B.

[229] DBPO 130, Memorandum by the Secretary of State for Commonwealth Relations, 3.7.1950, Annex B.

"more sharply against integration with Europe" sein, als Kanada und Südafrika.[230] Seine Analyse stützte er wahrscheinlich auf den Grad handelspolitischer Beziehungen mit dem Mutterland. Zweifellos gab es eine divergierende Haltung der Commonwealth-Länder zu den unterschiedlichen Formen einer europäischen Integration.[231] Letztlich unterstützte wohl allein Neuseeland die Position der britischen Regierung.[232]

Das britische Zögern gegenüber dem Schuman-Plan wurde nicht nur in den Commonwealth-Ländern, sondern auch in Westeuropa und den USA kritisiert. Großbritannien wurde vorgeworfen, es wolle den Schuman-Plan sabotieren.[233] Genau diesen Eindruck wollte Großbritannien aber vermeiden.

Die Times begründete die britische Zurückhaltung mit den Erfahrungen aus dem Zweiten Weltkrieg: " ... not having been occupied or defeated, our ideas about national souvereignty are out of step with those of the Continent."[234] Großbritannien habe den Krieg gewonnen und sei nicht bereit, mit dem Kontinent eine enge Verbindung einzugehen, erklärte

---

230 DBPO 130, Memorandum by the Secretary of State for Commonwealth Relations, 3.7.1950.

231 Dell sieht dagegen die Haltung des Commonwealth zum Schuman-Plan zu pauschal. Er differenziert nicht zwischen den einzelnen Ländern, wenn er schreibt: "... there was clearly concern in a number of Commonwealth countries such as Canada, Australia, and South Africa in the Schuman negotiations. The Schuman Plan was not a European customs union, Commonwealth interests might well not be prejudiced by British participation in it, and, in any case how could one know if problems were insurmountable except in the course of negotiations." Dell, Schuman Plan, S. 263.

232 Lord, Absent, S. 76.

233 DBPO 137, Letter from Sir I. Kirkpatrick to Sir D. Gainer 11.7.1950 über eine Unterredung mit John McCloy, US High Commissioner. Auch Lord weist auf die Gefahr hin, daß "Britain really was in a position to wreck the Schuman Plan by staying in the negotiations only to leave them at some date later." Lord, Absent, S. 11. Er stützt sich dabei auf eine Bewertung von Unterstaatssekretär William Strang.

234 The Times vom 9. Juni 1950.

Edwin Plowden gegenüber Jean Monnet.[235] Die britischen Zweifel an der kontinentaleuropäischen Verteidigungskraft waren Monnet bekannt.[236]

Die britischen Chiefs of Staff äußerten sich zwar positiv über den Schuman-Plan und sahen in dem französischen Vorschlag "no serious military disadvantages".[237] Gleichzeitig räumten sie aber ein, daß die Selbstversorgung (Autarkie) der britischen Kriegsproduktion gewahrt werden sollte. Dell glaubt, daß die Briten durch eine Teilnahme an den Schuman-Plan-Verhandlungen, die Aufrechterhaltung ihrer "domestic self-sufficiency as regards special alloy steel and other speciality steel items essential to defence production" hätten durchsetzen können.[238] Seiner Meinung nach dienten die Verhandlungen gerade dazu, Vorbehalte auszuräumen und Kompromisse zu finden.[239]

Die britische Regierung befürchtete außerdem, daß eine Teilnahme am Schuman-Plan den Fortbestand internationaler Organisationen, wie der OEEC oder der NATO, gefährden könne. Sie glaubte, daß der Schuman-Plan eine doppelte Spaltung provoziere: erstens in der atlantischen Allianz und zweitens innerhalb Europas. Der britische Botschafter in Italien, Viktor Mallet, wies darauf hin, daß ein "Continental bloc, united economically in the Schuman Plan, politically in the Council of Europe and militarily in the European Army, might not only, ..., present certain dangers to ourselves," sondern "might constitute a serious disruptive

---

235 Delighton, Missing, S. 15.

236 Jean Monnet, Mémoires, Paris 1988, S. 457.

237 DBPO 16, Annex 1, 11.5.1950.

238 DBPO 129, Memorandum by Minister of Defence, 1.7.1950.

239 Dell, Schuman Plan, S. 125-26.

element in the Atlantic body."[240] Während Roger Makins in dem Schuman-Plan die Gefahr einer "European third force neutral between USSR and USA" sah,[241] betrachtete das Sekretariat des Permanent Under-Secretary´s Committee (PUSC) eine westeuropäische Vereinigung à la Schuman als mögliches Bollwerk gegen den Kommunismus.[242]

3.7 Hoffnung auf Scheitern der Verhandlungen

In der britischen Regierung gab es Stimmen, die davon überzeugt waren, daß die Verhandlungen über den Schuman-Plan scheitern würden.[243] Dann wäre für sie der Augenblick gekommen, um die britischen Alternativpläne zu präsentieren. Am 30. Juni 1950 sagte Plowden zu seinem amerikanischen Kollegen Baldwin:" ... if they were unable to come to any agreement, the time would probably then be propitious for us to put forward our suggestions ... ."[244] Makins war dagegen der Meinung, man solle sich nicht darauf verlassen, daß die deutsch-französischen Verhandlungen früher oder später scheitern würden, und dann Großbritan-

240 DBPO 196, Memorandum from Mr. Mallet to Sir W. Strang, 19.12.1950.

241 So Makins, zitiert nach: Dell, Schuman Plan, S. 152.

242 DBPO 209, Memorandum for the Permanent Under-Secretary´s Committee, 13.2.1951.

243 Auch im französischen Kabinett gab es Stimmen, die einen Zusammenbruch der Verhandlungen über den Schuman-Plan befürchteten. Finanzminster Maurice Petsche schlug deshalb in einer Unterredung mit Sir E. Hall-Patch vor: "France and the UK should be working out together something more modest but much more practical which should be produced at the appropriate moment if the present ambitious plans come to nothing ... for example, we might look into the question of pooling our production of tractors and aircrafts." DBPO 95, Fußnote 3, E. Hall-Patch to Sir W. Strang, 19.6.1950.

244 DBPO 125, Note for Record by Sir E. Plowden of a Conversation with Mr. Baldwin, 30.6.1950.

nien die Chance haben werde als deus ex machina seine Alternativpläne zu unterbreiten.[245] Sir Wilfred Eady vom Executive Committee resümierte: "It was a serious mistake on our part to assume the failure of the High Authority."[246] Die gleiche Meinung vertritt auch Dell.[247] Nur Bullen weist diesen Vorwurf zurück.[248]

Die Briten arbeiteten eine Reihe von Alternativplänen aus, denen von Dell "a lamentable absence of creativity" unterstellt wird.[249] Den ersten Alternativplan präsentierte am 1. Juli 1950 das Committee of Ministers unter der Leitung von Cripps. Er sah eine intergouvernementale Vereinigung vor: "If there is a suitable chain of responsibility to Ministers, it would in our view be acceptable to delegate a considerable amount of control." Cripps schlug die Bildung einer "International Authority", eines "Council of Ministers" und eines "Executive Council" mit Vertretern aus der Industrie vor, sowie eines "advisory Council", der die Interessen der Angestellten, Arbeiter und der Regierungen vertreten sollte.[250] Obwohl vom Kabinett genehmigt, wurde der Plan nie publik.[251] Die britische Regierung wollte nicht den Eindruck erwecken, sie wolle den Schuman-Plan sabotieren und einen erfolgreichen Abschluß der Ver-

---

[245] So Younger, vgl. Dell, Schuman Plan, S. 152.

[246] Zitiert nach: Ranieri, Magic Circle, S. 148.

[247] Dell, Schuman Plan, S. 287.

[248] DBPO, Vorwort, S. Xii.

[249] Dell, Schuman Plan, S. 218.

[250] DBPO 128, Report by a Committee of Ministers, 1.7.1950.

[251] Einen Meinungsunterschied mit dem Committee of Ministers gab es nur darüber, daß der "Executive Council" bei der Abstimmung über neue Investitionspläne ein Vetorecht haben sollte. DBPO 132, Extract from Conclusions of a Meeting of the Cabinet in the Prime Minister's Room at the House of Commons, 4.7.1950.

handlungen verhindern. Attlee sagte am 13. Juni 1950 in einer Unterhausdebatte:

> "But there is no question of putting forward any alternative British proposal at the present time. It would not be right to take any step which might be regarded as a diversion or as an attempt to modify the course which the French and other Governments have decided to take."[252]

Aus diesem Grunde verfolgte das Foreign Office eine diskrete Politik.[253] Doch die Vorstellung eines britischen Störenfrieds hatte sich schon bei den anderen Staaten verfestigt. Es war McCloy, der die britische Regierung darauf aufmerksam machte "that many people in America, France and Germany sincerely believed that Britain ... was consequently doing all she could to sabotage the Schuman plan." Er warnte vor einer Konfrontation mit Washington, wenn sich diese Befürchtungen bestätigen sollten.[254] Der Druck aus Amerika war sicherlich ein entscheidender Grund für den britischen Entschluß, die Gegenvorschläge erst zu veröffentlichen, wenn die Verhandlungen über den Schuman-Plan gescheitert sein sollten. Dell sieht dagegen einen anderen Grund für die britische Zurückhaltung: Die britische Regierung war selbst von ihren eigenen Vorschlägen einer intergouvernementalen Vereinigung nicht wirklich

---

[252] HC Debates vom 13.6.1950, Sp. 37.
Trotzdem gab die britische Regierung am 3. Juni 1950 einen Hinweis auf ihre Tätigkeit: "They themselves are actively engaged in working on proposals inspired by the French initiative of 9th May, in order that they may be ready to make such a contribution." Cmd. 7970/16.

[253] DBPO 129, Letter from Mr. Stevens to Mr. Hayter, 7.12.1950.

[254] DBPO 137, Letter from Sir I. Kirckpatrick to Sir D. Gainer vom 11.7.1950.

überzeugt. Aus reinem Selbstinteresse habe Her Majesty's Goverment darauf verzichtet, die Bekanntgabe ihrer Vorschläge zu forcieren.[255]

Ein zweiter Alternativplan, der Macmillan-Eccles Plan, kam aus dem Lager der Konservativen und wurde im August 1950 auf einer Sitzung des Europarats vorgestellt.[256] Im Grunde stellte er eine Neuauflage des nicht an die Öffentlichkeit gelangten Regierungsplans dar. Er schlug wiederum die Bildung einer intergouvernementalen Vereinigung vor.[257] Er sah die Einrichtung eines "Committee of Ministers" vor, das den nationalen Parlamenten gegenüber verantwortlich war. Experten der Hohen Behörde sollten keine Befugnisse in Bereichen erhalten, die grundlegende soziale, ökonomische und strategische Interessen der einzelnen Staaten betrafen. Der konservative Vorschlag beinhaltete sogar eine Kündigungsklausel,[258] die aber der politischen Zielsetzung und den Sicherheitsvorstellungen Frankreichs widersprach.

---

[255] Dell, Schuman Plan, S. 224.

[256] Auf dieser Sitzung äußerten die britischen Delegierten auch ihre Vermutungen darüber, daß Frankreich mit der Hohen Behörde eine "nouvelle assemblée rivale de celle de Strasbourg" schaffen wolle. Poidevin, Raymond, Le rôle personnel de Robert Schuman dans les négociations C.E.C.A. (juin 1950-avril 1951, in: Klaus Schwabe (Hrsg.), Die Anfänge des Schuman-Plans 1950/51, Baden-Baden 1988, S. 106.

[257] Hier zeigt sich noch einmal, daß sich Regierung und Opposition in der Frage der Souveränitätsübertragung nahe standen.

[258] Harold Macmillan, Tides of Fortune, 1945-55, London 1969, S. 202 und Conservative Research Department (Hrsg.), Notes on Current Policy 13 (1951), S. 11.

4. Wirtschaftliche Faktoren in der britischen Haltung

In der bisherigen Literatur über die britische Haltung zum Schuman-Plan und zur Europäischen Gemeinschaft für Kohle und Stahl spielten hauptsächlich politische Faktoren eine Rolle. Eine isolierte Betrachtung der politischen Beweggründe ließe noch Fragen über mögliche wirtschaftliche Auswirkungen (Vor- und Nachteile) einer britischen Teilnahme am französischen Integrationsprojekt offen. Hätte Großbritannien aus einer Beteiligung am Schuman-Plan und der EGKS wirtschaftliche Vorteile ziehen können?

In diesem Kapitel wird nachgewiesen, daß für die britische Haltung zum Schuman-Plan und zur EGKS nicht nur politische, sondern auch wirtschaftliche Faktoren von entscheidender Bedeutung waren: die strukturellen Unterschiede zwischen der britischen und der kontinentaleuropäischen Kohle- und Stahlindustrie, die britischen Außenhandelsbeziehungen und die divergierenden Lohn- und Preisstrukturen.

4.1 Strukturelle Unterschiede zwischen der britischen und der kontinentaleuropäischen Kohle- und Stahlindustrie

Größenordnung und Ausrichtung der britischen Montanindustrie unterschieden sich 1950 erheblich von den Strukturen der kontinentaleuropäischen Basisindustrie.[259] Die britische Kohle- und Stahlindustrie war

---

[259] Clemens A. Wurm, Großbritannien, Westeuropa und die Anfänge der europäischen Integration 1945-1951: Ein Überblick, in: Gustav Schmidt (Hrsg.), Großbritannien und Europa - Großbritannien in Europa. Sicherheitsbelange und Wirtschaftsfragen in der bri-

1950 eine der größten auf der Welt. Mit 16.555.000 Tonnen pro Jahr stellte Großbritannien den größte Stahlproduzenten in Europa und den drittgrößten Stahlhersteller auf der Welt dar (nach den USA und der Sowjetunion).[260] In Europa folgten dem britischen Stahlausstoß Deutschland mit 12.121.000 Tonnen, Frankreich mit 8.651.000 Tonnen und Belgien-Luxemburg mit 6.237.000 Tonnen. Insgesamt produzierte Großbritannien 35,67% des europäischen Stahls und die Hälfte der europäischen Kohle (Vgl. Darstellung 1).

Darstellung 1: Die europäische Rohstahlproduktion 1950

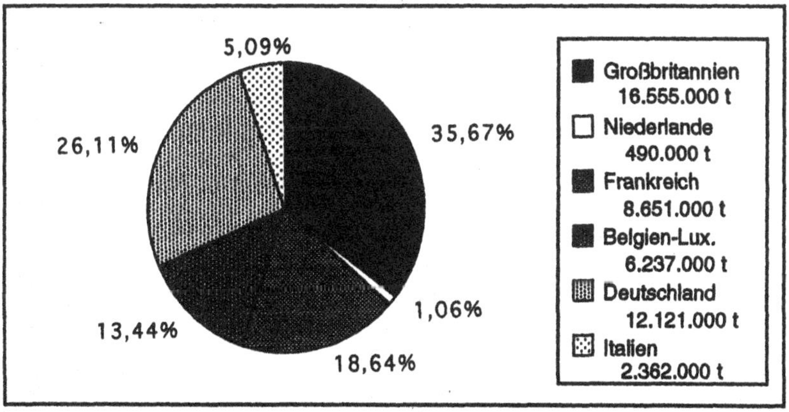

Quelle: Report by a Working Party of Officials on the Treaty Constituting the European Coal and Steel Community, 31.12.1951, in: PRO/POWE 41/33, S. 46. Eigene prozentuale Berechnung.

---

tischen Europapolitik nach dem Zweiten Weltkrieg (Schriftenreihe: Arbeitskreis Deutsche England-Forschung, Bd. 10) Bochum 1989, S. 82.

260 Stahl und Eisen 74 (1954), S. 1563.

In Westeuropa existierte in den 50er Jahren kein Land, das seine Eisen- und Stahlindustrie ausschließlich mit eigenen Rohstoffen versorgen konnte. Darstellung 2 zeigt, daß 1948 alle europäischen Länder für die Stahlproduktion von Rohstoffimporten abhängig waren. Es gab kein europäisches Land, das Stahl produzieren konnte, ohne einen der beiden wichtigen Rohstoffe, Eisenerz oder Kohle, importieren zu müssen. Großbritannien hatte beispielsweise bedeutende Kohlevorkommen, war aber zu 45% auf ausländische Eisenerzimporte und zu 10% auf fremde Schrotteinfuhren angewiesen. Frankreich besaß hingegen große Eisenerzvorkommen, war aber zu 60% von Kohleimporten - z. B. aus Deutschland (Saar-, Ruhrgebiet) - abhängig. Die Bedeutung des Ruhrgebietes für die Gemeinschaft lag in seinen großen Beständen an verkokbarer Kohle. Deutschland hatte einen gleichartigen Rohstoffmangel wie Großbritannien. Im Gegensatz zum Vereinigten Königreich importierte es 45% des zu verarbeitenden Eisenerzes aus der späteren Gemeinschaft (vor allem aus Frankreich). 1950 zeigten sich die deutschen und französischen Stahlproduzenten von wechselseitigen Importen abhängig, während die britische Kohle- und Stahlindustrie nicht auf Rohstoffeinfuhren aus der späteren Schuman-Gemeinschaft angewiesen war.[261]

261 Auf diesen wichtigen Unterschied wird später noch genauer eingegangen.

Darstellung 2: Die Abhängigkeit europäischer Stahlproduzenten von Rohstoffimporten 1948 (Reihenfolge der Liste nach Produktionsausstoß)

Länder	Eisenerz	Schrott	Kohle
Großbritannien	45%	10%	----
*Frankreich**	----	----	} 60%
Saar	100%	----	
Deutschland	45%	----	----
Belgien	100%	} 20%	25%
Luxemburg	50%		100%
Italien	10%	45%	100%
Schweden	----	20%	100%
Niederlande	100%	----	----

* 1950/51 spielte das Saarland eine Sonderolle. Es wurde wirtschaftlich von Deutschland abgetrennt und in einer Zollunion mit Frankreich geführt.

Quelle: The Iron and Coal Trades Review 160 (1950), S. 1360.

Die britische Kohle- und Stahlindustrie unterschied sich in ihren Anlagen in den 50er Jahren erheblich von der des Kontinents.[262] Im Gegensatz zu den im Binnenland liegenden Stahlwerken der Gemeinschaft befanden sich die britischen Hüttenanlagen überwiegend an der Küste. Die Stahlerzeuger in Großbritannien profitierten daher von einem Frachtkostenvorsprung.[263] Dies war insofern ein Konkurrenzvorteil, da aus Schät-

262 Die ökonomischen Unterschiede sind auch kurz beschrieben in: The Economist vom 31.1.1953, S. 332.

263 Vgl. dazu Report by a Working Party of Officials on the Treaty Constituting the European Coal and Steel Community, 31.12.1951, in: PRO/POWE 41/33, S. 31. Die bedeutendsten Küstenstahlreviere lagen in Südwales, an der Nordküste um Middlesbrough, in Schottland um Glasgow, an den nordwestlichen Küstengebieten von Cumberland und Lancashire. Siehe Karte, in: Stahl und Eisen 74 (1954) S. 1310.

zungen der Hohen Behörde hervorgeht, daß die Fracht für Rohstoffe 10% bis 20% der Selbstkosten des Roheisens ausmachten.[264] Der Schuman-Plan sah eine Angleichung der Frachtkosten in Europa vor.[265] Dies hätte möglicherweise den Kostenvorsprung der britischen Kohle- und Stahlindustrie und damit den Gewinn der Unternehmen vermindert, denn die Werke in den Küstengebieten Großbritanniens erzeugten rund 60% des britischen Rohstahls[266].

In Großbritannien lagen zudem die Stahlunternehmen, Rohstoffgrundlagen (Kohlelager) und Absatzgebiete (verarbeitende Industrie) zum Teil sehr nahe beieinander - nur stark eisenhaltige Erze mußten aus Australien und Nordafrika importiert werden - oder waren auch für den Export von Stahlerzeugnissen günstig an der Küste gelegen.[267] In der Gemeinschaft hatten hingegen nur wenige Stahlwerke einen Küstenstandort. Außerdem konnten die Vorteile eines Küstenstandorts von den meisten Ländern der Montanunion nicht voll genutzt werden, da sich die weiterverarbeitende Industrie häufig im Binnenland befand, wie z. B. in der Bundesrepublik Deutschland (Ruhrgebiet).[268]

---

264 Lambert Beckers, Die Struktur der Stahlindustrie der Bundesrepublik Deutschland im Vergleich mit den übrigen Montanunionländern, den USA, Großbritannien und Japan, Diss. masch., Aachen 1969, S. 17.

265 Europa-Archiv 11 (1950), S. 3091.

266 Neben den Zentren an der Küste gab es im Inneren des Landes noch einige Reviere. Ihre Entfernungen zur Küste betrugen aber nicht mehr als 160 km. Beckers, Struktur, S. 230.

267 Trotzdem liegt die britische Stahlindustrie wegen der Rohstoffvorkommen weit verstreut. Es gibt keine Ballungszentren wie in Deutschland an der Ruhr, wo 90% der Stahlindustrie ihren Standort hat. Monthly Statistical Bulletin 25 (November 1950), S. 10.

268 Beckers, Struktur, S. 251/252.

Auch die Eigentumslage der britischen Kohle- und Stahlindustrie unterschied sich 1950 wesentlich von der des Kontinents. C. H. R. Hodgson vom National Coal Board wies auf die enge Verquickung von Politik und Wirtschaft in Großbritannien hin, als er am 3. Juni 1950 sagte:

> "It is true that His Majesty´s Government enjoys powers over the National Coal Board´s activities (e.g. in respect of investment, prices, wages, exports) probably as extensive as the powers an international authority would acquire. ..., and in any case His Majesty´s Government and the National Coal Board have common financial and political bonds which would not exist between the National Coal Board and an international authority."[269]

Die britische Kohleindustrie war seit 1947 verstaatlicht, und auch über der britischen Stahlindustrie hing 1950 das Damoklesschwert der Nationalisierung.[270] Die Übergabe der britischen Kohle- und Stahlindustrie in staatliche Hand wurde als Garantie für Effizienz und Vollbeschäftigung gesehen.[271] Der ordnungspolitische Gegensatz zwischen der verstaatlichen englischen und den privatwirtschaftlich geführten Industrien

---

[269] Zitiert nach: Wurm, Political Parties, S. 746.

[270] Das "Iron and Steel Act" von 1949 leitete am 15. Februar 1951 die Nationalisierung der britischen Stahlindustrie ein. Nach dem Wahlsieg der Konservativen führte das Iron and Steel Act im Jahre 1953 dann die Reprivatisierung der britischen Eisen- und Stahlindustrie ein. Nur das Unternehmen Richard Thomas & Baldwins Ltd. blieb sozialisiert. Vgl. Burn, Steel Industry, S. 537-607 und Beckers, Struktur, S. 231.
Das 1953 zur Kontrolle der Eisen- und Stahlindustrie errichtete "Iron and Steel Board" war mit der Lösung der für die Versorgung mit Eisen und Stahl ergebenden Problemen beauftragt. Grote, Die Eisen- und Stahlindustrie, S. 27.

[271] Burn, Steel Industy, S. 465.

auf dem Kontinent ließ der britischen Regierung eine europäische Vereinigung beider Sektoren unmöglich erscheinen:

> "If the Franco-German authority was built up on a basis of private ownership, it was difficult to see how the British iron and steel industry under public ownership could be integrated with the continental combine."[272]

Denis Healey, International Secretary der Labour Party, unterstützte diese Ansicht:

> "It is very difficult to mix countries which for national reasons must exercise a large degree of state control over their economy with countries which for various reasons cannot do so even if they want to."[273]

Healey war der Meinung, daß der französischen Gesellschaft ein ausreichendes Niveau an ziviler Verantwortung fehle, um dem britischen Beispiel zu folgen. Nach Dell stellte der Schuman-Plan nicht die "public ownership" der britischen Montanindustrie in Frage, wohl aber die "public power", d. h. die wirtschaftliche Planungsmacht der britischen Regierung.[274] Während die britische Labour-Regierung noch an die

---

272 DBPO 15, Minutes of a Meeting of Ministers, 11.5.1950.

273 Zitiert nach: Milward, Reconstruction, S. 405. Dabei hat Healey anscheinend vergessen, daß die französische Kohleindustrie seit 1946 verstaatlicht war. Auf Grund des Gesetzes vom 17.5.1947 wurden die französischen Kohlegruben dem Staat überführt. Seitdem wurden sie von der "Charbonnages de France" betrieben. Die französische Eisen- und Stahlindustrie besaß seitdem keine eigenen Kohlengruben mehr. Walther Lauersen, Ausmaß und Formen vertikaler Verflechtung in der Eisen- und Stahlindsutrie der Vereinigten Staaten, Großbritanniens, Frankreichs, Belgiens und Luxemburgs, Kiel 1951, S. 71.
Auch Lord spricht von "incompatibilities of ownership structures". Lord, Absent, S. 50.

274 Dell, Schuman Plan, S. 20.

Wirksamkeit von Produktionsplanung glaubte, hielt der Kontinent am "freien Spiel marktwirtschaftlicher Kräfte" fest.[275] Auch die konservative Regierung wollte, obwohl sie eine Denationalisierung der Stahlindustrie ins Auge faßte, nicht etwa eine völlige Reprivatisierung und einen freien Konkurrenzkampf zulassen. Der Economist vom 2. August 1952 schrieb dazu: Das Ziel der Konservativen sei "to provide for the reorganisation of the iron and steel industry under free enterprise with an adequate measure of public supervision." Diese Affinität der Briten zu planwirtschaftlichen Produktionsmethoden widersprach nicht nur den Bestimmungen des Schuman-Plans und des EGKS-Vertrags, sondern sollte sich auch langfristig negativ auf die britische Wirtschaft auswirken.

Im Folgenden soll auch der absolute Konzentrationsgrad[276] der Stahlindustrie in Großbritannien mit dem in der Montanunion (ohne Deutschland) und der Bundesrepublik Deutschland verglichen werden. 1950 war die britische Rohstahlproduktion sehr konzentriert. Die "big five"[277] bestritten mit rund 9 Millionen Tonnen rund 55% der britischen Stahlproduktion.[278] Um einen besseren Vergleich mit der Montanunion zu

---

[275] Dell kritisiert die britische Planwirtschaft zu Recht: "In fact the British government had no monopoly of concern about prospects for employment." Dell, Schuman Plan, S. 43.

[276] D. h. horizontale Verflechtung. Darunter wird die Zusammenfassung von Betrieben und Unternehmen der gleichen Produktionsstufe unter einheitlicher Leitung verstanden.

[277] Gemeint sind die Montangruppen: United Steel Cos., Baldwins /Gues, Keen & Nettlefolds, Colvilles, Dorman, Long & Co., Stewarts and Lloyds.

[278] Herbert Steiner, Größenordnung und horizontale Verflechtung in der Eisen- und Stahlindustrie der Vereinigten Staaten, Großbritanniens, Frankreichs, Belgiens, Luxemburgs und Deutschlands, Kiel 1952, S. 12. Er hat die horizontale Verflechtung von 57 Gesellschaften der englischen Eisen- und Stahlindustrie untersucht und festgestellt, daß im Jahre 1948 29 von 57 Unternehmen im Rahmen von 8 Konzernen organisiert waren - das sind 70% der englischen Stahlerzeugung. Von den 29 verflochtenen Gesellschaften zählten 22 zu den 5 großen Konzernen. Steiner, Größenordnung, S. 78.

erhalten, wird hier eine Tabelle aus dem Jahre 1965[279] herangezogen. Aus der Darstellung 3 ist zu erkennen, daß der Konzentrationsgrad der Stahlunternehmen in Großbritannien und der Bundesrepublik Deutschland[280] am größten waren und der in der Montanunion am geringsten ausfiel. Während 80% des Anteils an der Rohstahlproduktion in Großbritannien und der Bundesrepublik in der Hand von 10 Unternehmen lagen, zerstreute sich dieser Marktanteil in der Montanunion auf 19 Unternehmen.

Darstellung 3: Anzahl der größten Unternehmensgruppen im europäischen Vergleich

Anteil an der Rohstahlprod.	**Großbritannien**	**Bundesrepublik**	**Montanunion**
80%	10	10	19

[279] Die Tabellen sind von 1965, da keine früheren Tabellen gefunden werden konnten. Sie spiegeln aber gut die unterschiedlichen Unternehmenskonzentrationen in Europa wieder. Da Großbritannien dem EGKS-Vertrag nicht beitrat, hat sich der Konzentrationsgrad in der britischen Montanindustrie aicherlich nicht schwerwiegend verändert.

[280] Als die Montanunion gegründet wurde, fielen für Deutschland alle Produktionsbeschränkungen fort, die das Gesetz Nr. 27 der Alliierten gefordert hatte. Von diesem Zeitpunkt an galten die Regeln und Gesetze des EGKS-Vertrages. So bestimmten beispielsweise Artikel 65 und 66 die Zusammenschlüsse von Unternehmen und ihre Formen. Nach dem Eintritt in die Montanunion konnte die westdeutsche Eisen- und Stahlindustrie - mit der Genehmigung der Hohen Behörde - die Entflechtungen teilweise rückgängig machen. Beckers, Struktur, S. 61.

Darstellung 4: Marktanteil eines durchschnittlichen Unternehmens im europäischen Vergleich

Land	**Anteile an der Rohstahlproduktion in %**
Großbritannien	10,00
Bundesrepublik Deutschland	10,00
Montanunion	5,26

Quelle: Vgl. Beckers, Struktur, S. 272.

Vergleicht man die durchschnittliche Größe eines Unternehmens und den Marktanteil in den einzelnen Ländern, so ergeben sich aus Darstellung 4 folgende Ergebnisse: Den größten durchschnittlichen Marktanteil hatten britische und deutsche Unternehmen mit 10%, es folgten im weiten Abstand die der Montanunion mit 5,26%. Die Stahlindustrien Großbritanniens und der Bundesrepublik Deutschland besaßen demnach den höchsten Konzentrationsgrad in Europa. Die Montanunion wies hingegen den geringsten Konzentrationsgrad auf. Für Großbritannien und Deutschland enstanden dadurch geringere Produktionskosten. Beckers weist Kostenvorteile großer Produktionseinheiten nach, indem er beispielsweise die Baukosten für Hüttenwerke mit unterschiedlicher Produktionskapazität vergleicht.[281]

Um eine übermäßige Konzentration wirtschaftlicher Macht zu beseitigen und die Entwicklung eines gefährlichen Kriegspotentials zu verhindern, hatte sich die Alliierte Hohe Kommission die Dekartellisierung der deutschen Wirtschaft zum Ziel gesetzt. Am 20. Mai 1950 trat das Ge-

281 Beckers, Struktur, S. 275.

setz Nr. 27[282] der Alliierten Hohen Kommission - Großbritannien hatte an der Ausarbeitung nicht mitgewirkt - in Kraft. Zunächst waren die Stahlindustrie und der Kohlebergbau vom alliierten Entflechtungseifer betroffen. Die Folge war eine diskriminierende Politik gegenüber der vertikalen Verbundswirtschaft der deutschen Industrie, die sich in Form von Anti-Trust-Gesetzen ausdrückte.[283] Während Frankreich und die USA ein "combined ownership", d. h. eine Koksversorgung der Stahlindustrie durch eigene Kohleminen, generell ablehnten, vertraten die Briten die Meinung, daß jeder Fall nach technischen Gesichtspunkten einzeln untersucht werden müsse. So schrieb Bevin an Sir I. Kirckpatrick am 13.2.1951:

> "On one hand we do not wish to be jockeyed into accepting agreements on important aspects of Law 27 arrived as a result of discussions in which we took no part and which appear to be inconsistent with our view that combined ownership should be permitted only by a case by case basis where strong economic reasons existed. On the other hand we obviously do not wish to lay ourselves open to the charge of sabotaging progress towards the initialling of the Schuman Plan at a delicate stage."[284]

Die Franzosen hatten Angst vor einem Produktionskostenvorteil der deutschen Stahlindustrie, deren Produktionsstätten bei reichen Kohleminen lagen und somit schneller und billiger mit Koks versorgt werden

---

282 Es löste damit das Gesetz Nr. 75 ab, das im November 1948 durch die Militärregierungen der britischen und amerikanischen Zone veröffentlicht wurde. Damit wurde die Entscheidung über die Eigentumsform der Industrie in die Hände der deutschen Regierung gelegt. Präambel abgedruckt in: DBPO 236, Annex.

283 Lord, Absent, S. 142.

284 DBPO 208.

konnten.[285] Die USA schlug schließlich vor, die Versorgung der deutschen Stahlindustrie mit Koks aus eigenen Minen auf 75% des Gesamtanteils zu reduzieren. Die britische Regierung fand diesen Beschluß zu hart.[286] Da die Frage eines Verbundes von Kohle und Stahl eng mit dem Schuman-Plan verknüpft war,[287] befürchtete sie wahrscheinlich, daß auch die britische Verbundswirtschaft bei einer Teilnahme am Schuman-Plan unter Beschuß geriet. Trotzdem gab es auch Stimmen im britischen Kabinett, die vor der deutschen Konkurrenz warnten: "Tide in Germany now running strongly in the direction of combined economy which might be advers to U.K. competive position."[288] Die deutschen Unternehmer "might use their power ruthlessly at the expense of this country".[289] Herbert Morrison riet dagegen im März 1951, sich den Beschlüssen, die von Amerika und Frankreich getroffen worden waren, unterzuordnen. Ansonsten würden die britischen Beziehungen zu Amerika und Frankreich "undergo a serious strain".[290]

Die in Deutschland natürlich gewachsene Struktur Kohle/Stahl wurde im Zuge der Dekartellisierung zerschlagen. In der Zeit von Juli 1951 bis Mai 1953 wurden die 10 größten deutschen Stahlgesellschaften[291]

---

[285] DBPO 18, Note by Sir N. Brook, 11.5.1950, Enclosure.

[286] DBPO 220, Letter from Mr. Wilson to Mr. Pitblado, 27.2.1951.

[287] "The position which we took on this problem in relation to Law 27 might therefore have important implications for the Schuman Plan negotiations." DBPO (Microfiches) 605, Mr. Swann, 6.2.1951 und Stahl und Eisen 71 (1951), S. 214.

[288] DBPO 202, Januar 1951, Annex.

[289] DBPO 252, Extract from Conclusions of a Meeting of the Cabinet held at 10 Downing Street, 16.4.1951.

[290] DBPO 234, Memorandum by the Secretary of State for Foreign Affairs, 10.3.1951.

[291] Dieses waren die Vereinigte Stahlwerke AG, Friedrich Krupp, Mannesmann Röhrenwerke, Klöckner-Werke AG, Hoesch AG, Otto Wolf, Flick-Komplex, Reichswerke Komplex, Gutehoffnungshütte Oberhausen AG und die Gutehoffnungshütte Aktienverein

in 23 Einheitsgesellschaften zerstückelt. Sowohl der vertikale Aufbau der Konzerne wurde zerstört als auch ihre Kohlebasis entzogen. Durch diese Maßnahmen verschoben sich die Wettbewerbsbedingungen zuungunsten der deutschen Eisen- und Stahlindustrie.[292]

Die Vertikalverflechtung[293] der Eisen- und Stahlindustrie mit dem Kohlebergbau war nicht nur in Deutschland, sondern auch in Großbritannien stark verbreitet.[294] Sie war charakteristisch für die führenden Gesellschaften der britischen Eisen- und Stahlindustrie (United Steel Cos./John Summers, Colvilles, Dorman, Long & Co., Baldwins/Guest, Keen & Nettlefolds, Stewarts & Lloyds und South Durham).[295] Es ist festzustellen, daß sie alle sowohl in der Rohstoffgewinnung als auch in verschiedenen Zweigen der Weiterverarbeitung in bedeutendem Umfang vertreten waren.[296] Von 15 auf dem Gebiet der Rohstoffgewinnung tätigen integrier-

---

für Bergbau und Hüttenbetriebe.

292 Beckers, Struktur, S. 60/61.

293 Als vertikale Verflechtung wird "die Zusammenfassung aufeinanderfolgender Produktionsstufen, d. h. von Produktionszweigen, deren Erzeugnis jeweils das Ausgangsmaterial für die folgende Produktionsstufe bildet," bezeichnet. In der Eisen- und Stahlindustrie wird zwischen der vertikalen Verflechtung nach der Rohstoffseite (Verbindung der Hochofen-, Stahl- und Walzwerke mit dem Kohle- und Erzbergbau und dem Betrieb von Kalksteinbrüchen) und der Verflechtung nach der Verarbeitungsseite (Verbund von Stahlbau, der Eisen- und Stahlverarbeitung bis zum Maschinenbau) unterschieden. Die vertikale Verflechtung kann auch organisatorische Formen haben. Die wichtigsten sind: die Holding-Gesellschaft, die Tochtergesellschaft, die Betriebsleitung und die Beteiligung. Vgl. Lauersen, Ausmaß und Formen, S. 2/3.

294 Die Grundlage der französischen Industrie war dagegen der Verbund von Erzbergbau und Eisenbeschaffung. Von 18 integrierten Eisen- und Stahlgesellschaften - d. h. Gesellschaften, die Eisen-, Stahl- und Walzwerke betrieben - besaßen nicht weniger als 16 eigene Eisenerzbergwerke oder Beteiligungen an Erzbergwerks-Gesellschaften. Der Eisenerzbedarf der französischen Eisen- und Stahlindustrie wurde durch die Inlandsförderung voll gedeckt. Lauersen, Ausmaß und Formen, S. 79/86.

295 Lauersen weist neben der finanziellen auch auf die stark verbreitete personelle Verflechtung in der englischen Eisen- und Stahlindustrie hin. Lauersen, Ausmaß und Formen, S. 44.

296 Lauersen, Ausmaß und Formen, S. 67.

ten Eisen- und Stahlgesellschaften besaßen 14 eigene Kokereien.[297] Die Verbindung der Eisen- und Stahlindustrie mit der Kohle erbrachte finanzielle Vorteile, die aus der Senkung der Vertriebskosten der Zechen sowie aus der Vermeidung der Handels-Zwischenstufen resultierten. Sie garantierte damit einen verbilligten Kokskohlebezug der Hüttenwerke. Was Großbritannien anlangt, so hatte man bei der Nationalisierung des Kohlebergbaus am 1. Januar 1947 den Stahlwerken zwar den Eigenbesitz an Zechen entzogen, die unmittelbar auf dem Werksgelände liegenden Kokereien jedoch bei der englischen Eisen- und Stahlindustrie belassen. Daher war hier die Trennung weniger kompliziert und schädigend als die entsprechenden Maßnahmen im Rahmen der Entflechtung im Ruhrgebiet. Nach Erlaß des Gesetzes über die Nationalisierung der britischen Eisen- und Stahlindustrie, dem "Iron and Steel Act" von 1949, wurde die Kohle- und Stahlindustrie am 15. Februar 1951 verstaatlicht und von der "Iron and Steel Corporation of Great Britain" übernommen.[298] Seitdem war in Großbritannien eine enge Verbindung zur Kohlenwirtschaft erneut gegeben.[299] Kohlebergbau und Eisen- und Stahlindustrie befanden sich wieder in einer Hand.

Die denkbar stärkste horizontale Konzentrationsform in der britischen Eisen- und Stahlindustrie war die durch das "Iron and Steel Act" geschaffene "British Iron and Steel Corporation", eine große staatliche Monopolgesellschaft.[300] Es ist fraglich, ob derartige Machtkonzentratio-

297 Lauersen, Ausmaß und Formen, S. 62.

298 Erst nach seiner Annullierung durch das "Iron and Steel Act" von 1953 und der Schaffung der "Iron and Steel Holding and Realisation Agency" verlor die Corporation das Eigentum and den Eisen- und Stahlfirmen. Die britische Montanindustrie wurde reprivatisiert (denationalisation). Lauersen, Ausmaß und Formen, S. 102/109.

299 Stahl und Eisen 71 (1951), S. 214/218.

300 Vergleichbare Monopolgesellschaften gab es auch in Frankreich mit der

nen mit dem Artikel 65 des EGKS-Vertrages vereinbar gewesen wären. Dieser besagt: "Verboten sind alle Vereinbarungen zwischen Unternehmen, alle Beschlüsse von Verbänden und alle verabredeten Praktiken, die darauf abzielen würden, auf dem gemeinsamen Markt direkt oder indirekt den normalen Wettbewerb zu verhindern, einzuschränken oder zu verfälschen .... " In bestimmten Fällen konnte die Hohe Behörde aber eine Ausnahme gestatten. "Die Hohe Behörde genehmigt jedoch für bestimmte Erzeugnisse Vereinbarungen über Spezialisierung oder über gemeinsamen Ein- oder Verkauf, wenn sie feststellt, daß diese Spezialisierung oder die gemeinsamenen Ein- oder Verkäufe zu einer merklichen Verbesserung der Produktion oder der Verteilung der genannten Erzeugnisse beitragen."[301] Bereits im Mai 1950 wies die Labour-Regierung darauf hin, daß eine Teilnahme Großbritanniens am Schuman-Plan die Konzentration der britischen Kohle- und Stahlindustrie gefährden könne:

> "If eventual integration of the iron and steel industries of Great Britain, France, Germany and Benelux were effected, a position might be reached in which the iron and steel industry of this country was seriously reduced in size. This might result from a series of decisions, to which it might be difficult to take exception on what would be regarded as narrowly national strategic grounds as distinct from strategic grounds based on European and Atlantic considerations."[302]

"Charbonnages de France" und in Deutschland mit dem "Deutschen Kohlenverkauf" (DKV). Bei dem DKV handelte es sich um ein Verkaufssyndikat, das die Alliierten bald nach der Liquidation des 1893 entstandenen Rheinisch-Westfälischen Kohlensyndikates gründeten. Vgl. Hahn, Schuman-Plan, S. 36.

301 EGKS-Vertrag, Artikel 65 Paragraphen 1 und 2. Abgedruckt in: Haußmann, Der Schuman-Plan, S. 219.

302 DBPO 15, Minutes of a Meeting of Ministers, 15.5.1950.

Nicht nur im Aufbau, sondern auch in der Produktionsweise divergierte die britische Montanindustrie von der des Kontinents und erschwerte daher eine Teilnahme Großbritanniens am Schuman-Plan und der Europäischen Gemeinschaft für Kohle und Stahl. Während der Kontinent - außer Deutschland - hauptsächlich nach dem Thomasverfahren (= basischem Bessemer-Verfahren) Stahl produzierte, verlief die Herstellung in Deutschland und in Großbritannien zu 80% nach dem Siemens-Martin-Stahl-Verfahren (basischem SM-Verfahren).[303] Der Kontinent war daher beim Kauf bestimmter Stahlsorten von Großbritannien abhängig. Es waren vor allem Schiffbaublech und verschiedene Sorten von SM-Stahl, die der Kontinent importieren mußte.[304]

4.2 Der Schuman-Plan: aus britischer Sicht ein Kartell

Einige britische Politiker und Industrielle äußerten ihre Vermutung, daß der Schuman-Plan ein neues Kartell war[305]: "Unless these points were stressed, there was a risk that the scheme would be presented as a producers´ cartel designed primarily to regulate production under

[303] Beckers, Struktur, S. 257 und Lauersen, Ausmaß und Formen, S. 206.

[304] Report by a Working Party of Officials on the Treaty Constituting the European Coal and Steel Community, 31.12.1951, in: Public Record Office/Ministry of Power and Fuel, PRO/POWE 41/33, S. 36.

[305] Bereits in der Zwischenkriegszeit gab es internationale Stahlkartelle und Großbritannien war vielfältig daran beteiligt. Vgl. dazu: Clemens A. Wurm, Handelsdiplomatie in der Weltwirtschaftskrise. Internationale Kartelle, Stahl und Baumwolltextilien in der Außenpolitik Großbritanniens 1924-1939, in: Clemens A. Wurm (Hrsg.), Internationale Kartelle und Außenpolitik. Beiträge zur Zwischenkriegszeit, Wiesbaden und Stuttgart 1989.

conditions of falling demand."[306] Diese Ansicht vertrat beispielsweise Sir Andrew Duncan, Vorsitzender der British Iron and Steel Federation (BISF), auf einem Treffen des Federation Executive Committee am 16. Mai 1950.[307] Ranieri unterstützt diese Annahme: "British steel markets therefore had many reasons to see the community at the outset as a cartel ... ."[308] Lord schlägt dagegen einen Mittelweg ein. Der Schuman-Plan vom 9. Mai sei eine Mischung aus Dirigismus und "freiem Spiel der Kräfte". Er schreibt: "On the one hand, Schuman referred to a plan for production and investment. On the other hand, he rejected the interwar experience of cartel in the coal and steel industries for the fusion of markets."[309]

Zwischen Industrie und Politik gab es unterschiedliche Meinungen zu einer Beteiligung an einem Kartell. Die britische Industrie war an einer Wiederaufnahme eines Kartells wie in der Zwischenkriegszeit interessiert. Im Gegensatz zum Schuman-Plan bot ein privates Kartell eine größere individuelle Einflußnahme.[310] In Zeiten eines Stahlüberschusses - wie er von der Economic Commission for Europe für das Jahr 1953 mit 8 Millionen Tonnen prognostiziert wurde[311] - sollte der britische Stahl-

---

306 DBPO 132, Extract from Conclusions of a Meeting of the Cabinet held in the Prime Minister's Room at the House of Commons am 4.7.1950. Ranieri, Unlikely Union, S. 113.

307 Ranieri, Magic Circle, S. 119.

308 Ranieri, Magic Circle, S. 135.

309 Lord, Absent at Creation, S. 1.

310 Ranieri, Unlikely Union, S. 119. Sicherlich spielten hierfür die Erfahrungen eine Rolle, welche die britische Stahlindustrie mit den kontinentalen Kartellen der 20er und 30er Jahren gemacht hatte, eine Rolle. In einem privaten internationalen Kartell sah Diebold die einzige Alternative zum Schuman-Plan. Diebold, Imponderables, S. 129.

311 Carl Horst Hahn, Der Schuman-Plan. Eine Untersuchung im besonderen Hinblick auf die deutsch-französische Stahlindustrie, München 1953, S. 15. Als der Koreakrieg am 25. Juni 1950 ausbrach stieg aber die Nachfrage nach Stahl erheblich an. Raymond

sektor durch eine Teilnahme am Kartell vor einem zermürbenden Preiskampf verschont werden. Der britische Ökonom Duncan Burn stützt sich auf einen Artikel im Economist, wenn er schreibt:

> "The Economist accepted the E.C.E. analysis that the sellers' market was coming to an end, so that there was a risk of cartel restriction, which the Schuman plan, if it were properly directed, should circumvent by arrangements which would see production concentrated in the plants with lowest costs."[312]

Die britische Labour Party lehnte dagegen die Teilnahme an einem Kartell ab. Sie befürchtete, daß ein derartiger Zusammenschluß nur den "selfish and monopolistic ends"[313] der Industrie dienen würde. Die Regierung sah durch ein Kartell die Erfüllung ihrer wirtschaftspolitischen Ziele, wie wirtschaftliche Expansion, Vollbeschäftigung und Steigerung der Lebensstandards der Arbeiter, gefährdet: "The Labour Party's socialist principles demand that the movement towards European unity should be such as to permit the continuation of full employment and social justice in Britain and the extension of these benefits over the rest of Western Europe."[314] Der Schuman-Plan sei ein Schlag gegen den britischen Wohlfahrtsstaat, schrieb am 3. Juni 1950 der New Satesman. Denis Healey von der Labour Party ging sogar so weit und predigte wirtschaftlichen Nationalismus: "Economic factors reinforce the trend towards

---

Poidevin, Le rôle personnel de Robert Schuman dans les negotiations C.E.C.A. 8 juin 1950-avril 1951), in: Klaus Schwabe (Hrsg.), Die Anfänge des Schuman-Plans 1950/51, Baden-Baden 1988, S. 107.

312 Burn, Steel Industry, S. 466.

313 European Unity, S. 12.

314 European Unity, S. 5.

nationalism in a governing socialist party."[315] Er fürchtete, daß die Macht der Hohen Behörde über Kohle- und Stahlindustrie Großbritanniens "could, in practice have been damaging to British interests".[316]

Es war gerade die Sicherung der Vollbeschäftigung, die zum wichtigsten wirtschaftspolitischen Ziel der Labour Party in der Nachkriegszeit wurde, verstärkt durch die Erfahrungen aus den 30er Jahren. Nach der amerikanischen Rezession in den Jahren 1948 und 1949, die die britische Regierung zu einer Abwertung des Pfund Sterling veranlaßte, stieg die Angst um die Sicherung der Vollbeschäftigung weiter an. Die Labour Party vermied deshalb tiefgreifende "arrangements" mit Ländern, die nicht den gleichen wirtschaftspolitischen Zielen verhaftet waren.[317] Eine Vereinigung à la Schuman schien gewagt, da man die Kontrolle über die Schlüsselindustrien Kohle und Stahl einer supranationalen Hohen Behörde übertragen würde. Das National Coal Board stellte sich daher im Mai 1950 die Frage: "Can any Government discharge its generalized responsibilities for employment ..., when an important sector of its own economy is put outside its jurisdiction?"[318] Die französischen Politiker versuchten die britischen Befürchtungen zu beschwichtigen. In einem Memorandum vom 30. Mai 1950 hieß es:

"... the high authority ... will favour a general expansion, allowing rationalized production to be reconciled with the maintenance of full

---

315 Denis Healey, Power Politics and the Labour Party, in: R. H. S. Crossman (Hrsg.), New Fabian Essays, London 1952, S. 168.

316 Zitiert nach: Dell, Schuman Plan, S. 301.

317 Dell, Schuman Plan, S. 54.

318 Zitiert nach: Lord, Absent, S. 49.

employment."[319] Dennoch scheinen diese Absichtserklärungen für die Briten nicht sehr überzeugend gewesen zu sein.

4.3 Britische Handelsbeziehungen

4.3.1 Rohstoffeinfuhren

Die britische Roheisenproduktion - eine Vorstufe der Stahlerzeugung - war in den 50er Jahren im hohen Maße von ausländischen Eisenerz- und Schrottimporten abhängig. Da die britischen Eisenerzvorkommen einen geringen Eisengehalt hatten, durschnittlich von 28%, wurde ein großer Teil an hochwertigen Eisenerzen aus Schweden und Französisch-Nordafrika importiert.[320] 1949 betrug die Gesamtmenge der britischen Eisenerzeinfuhren 8.838.000 Tonnen. Die Hauptlieferanten waren Schweden mit 3.158.000 Tonnen (35,74% der Eisenerzimporte) und Französisch-Nordafrika mit 2.332.000 Tonnen (33,62% der Eisenerzimporte) sowie die Commonwealth-Länder und sonstige Staaten mit 2.970.000 Tonnen (26,40% der Eisenerzimporte). Die Einfuhren von Eisenerz aus Frankreich betrugen nur 375.000 Tonnen (4,24% der Eisenerzimporte). Aus Deutschland, Belgien und Luxemburg waren keine britischen Eisenerzimporte zu verzeichnen (Vgl. Darstellung 5).

---

319 Cmd. 7979/10.

320 Monthly Statistical Bulletin 25 (Mai 1950), S. 6.

Darstellung 5: Britische Eisenerzeinfuhren 1949 (8.835.000 Tonnen)

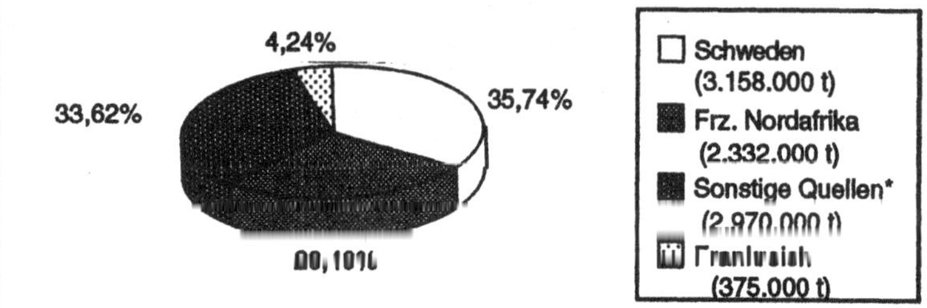

*Keine Eisenerzeinfuhr aus Belgien-Luxemburg, Deutschland und Norwegen.

Quelle: Monthly Statistical Bulletin 25 (Mai 1950), S. 3. Eigene prozentuale Berechnung.

Wichtige britische Eisenerzeinfuhren aus Französisch-Nordafrika (Algerien) schienen zunächst durch den Schuman-Plan gefährdet. Eine Einbeziehung Algeriens in eine europäische Produktionsgemeinschaft könnte möglicherweise Importe von Drittländern, so z. B. Großbritannien, erschweren. Ranieri behauptet, daß die Briten aber niemals mit einer Einbeziehung Französisch-Nordafrikas in den europäischen Pool rechneten, "which it was believed, quite rightly as it proved, the French would keep out of pool."[321] Obwohl in der Erklärung des französischen Außenministers vom 9. Mai 1950 von der "Entwicklung des afrikanischen Erdteils"[322] gesprochen wurde, blieb die Anwendung des EGKS-Vertrages ausschließlich auf die europäischen Besitzungen der

321 Ranieri, Magic Circle, S. 141.
Die Working Party des FG Committee machte darauf aufmerksam, daß "the French North African supplies will not be within the jurisdiction of the High Authority, but the French (whose Government have substantial financial interests in the North African mines) might probably be pressed to give some preference to other Community countries." Report by a Working Party of Officials on the Treaty Constituting the European Coal and Steel Community, 31.12.1951, in: PRO/POWE 41/33, S. 34.

322 Vgl. Europa-Archiv 11 (1950), S. 3091/92.

Vertragsschließenden beschränkt (Artikel 79).[323] Jeder vertragsschließende Teil verpflichtete sich aber, "den anderen Mitgliedsstaaten die Vergünstigungen einzuräumen, die er in den seiner Zuständigkeit unterstehenden außereuropäischen Gebieten für Kohle und Stahl" genoß.[324] Durch die Herausnahme der Überseebesitzungen, die im Falle von Algerien sogar als Départment d´outre-mer juristisch zum französischen Mutterland gehörten, hatte sich Frankreich die Möglichkeit geschaffen, auch außerhalb des Machtbereichs der Hohen Behörde billig Stahl zu produzieren.[325] In Algerien waren die Löhne - im Vergleich zu den Schuman-Plan-Ländern - sehr niedrig und ermöglichten damit eine sehr billige Stahlproduktion.[326]

Folglich war Großbritannien 1950 nur wenig auf Eisenerzimporte aus den Schuman-Plan-Ländern angewiesen. In seinem Pamphlet "Western Europe - The Challenge of Unity" machte Denis Healey, International Secretary of the Labour Party, auf die starke Abhängigkeit Großbritanniens von Rohstoffeinfuhren aus dem Commonwealth aufmerksam: "Britain´s imports from the Commonwealth are mainly indispensable raw materials, whereas her imports from Europe are less essential."[327] Es ist festzustellen, daß Großbritannien Anfang der 50er

---

323 Abgedruckt in: Haußmann, Der Schuman-Plan, S. 228.

324 Artikel 79 des EGKS-Vertrages, abgedruckt, in: Ebenda, S. 228.

325 Hahn, Der Schuman-Plan, S. 40.

326 Italien bemühte sich dagegen um die Einbeziehung Algeriens, eines seiner wichtigsten Eisenerzlieferanten. "The Italian Government had also been examining the proposals. It seems that they had been making considerable difficulties about the exclusion of Algeria from the area covered by the Plan. This is because they attach great importance to supplies of iron ore from that province. The French however have been insistent on excluding Algeria, chiefly because the wage scales there are so low that it would be quite impossible to assimilate the mines to those of Europe." DBPO 194, Letter from Mr. Hayter (Paris) to Mr. Stevens vom 12. 12. 1950.

327 Zitiert nach: Dell, Schuman Plan, S. 74.

Jahre seine Rohstoffe hauptsächlich aus Ländern bezog, die der Europäischen Gemeinschaft für Kohle und Stahl nicht angehören würden. Die Sicherung von Rohstoffquellen hätte folglich eine britische Mitgliedschaft am Schuman-Plan nicht zwingend notwendig gemacht. Außerdem bestand noch die Möglichkeit, direkte Verträge mit Rohstoffproduzenten zu schließen, um damit die Regelungen des EGKS-Vertrages zu umgehen.

Bei den Schrottimporten ergab sich eine ähnliche Situation. Die britische Stahlproduktion war 1948 nur zu 10% (885.573 Tonnen) von ausländischen Schrottimporten abhängig. Schrott war ein wichtiger Rohstoff für die britische Stahlgewinnung nach dem Siemens-Martin-Verfahren. Die Schuman-Plan-Länder lieferten 1953[328] nur 264.365 Tonnen Schrott, d. h. 29,85% der gesamten Einfuhren. Die britischen Schrottimporte allein aus Amerika betrugen dagegen 326.572 t, d. h. 36,88% aller Schrotteinfuhren (Vgl. Darstellung 6).[329]

328 Hier wurde eine Tabelle von 1953 zur Untersuchung herangezogen, da eine entsprechende Statisik für das Jahr 1950 nicht ausfindig gemacht werden konnte. Es ist auch nicht davon auszugehen, daß sich die Tabellen über die Einfuhr von Schrottimporten von 1950 und 1953 nicht grundlegend unterscheiden.

329 Stahl und Eisen 74 (1954), S. 924.

Darstellung 6: Britische Schrotteinfuhren 1953 (885.573 Tonnen = 10% des Gesamtbedarfs)

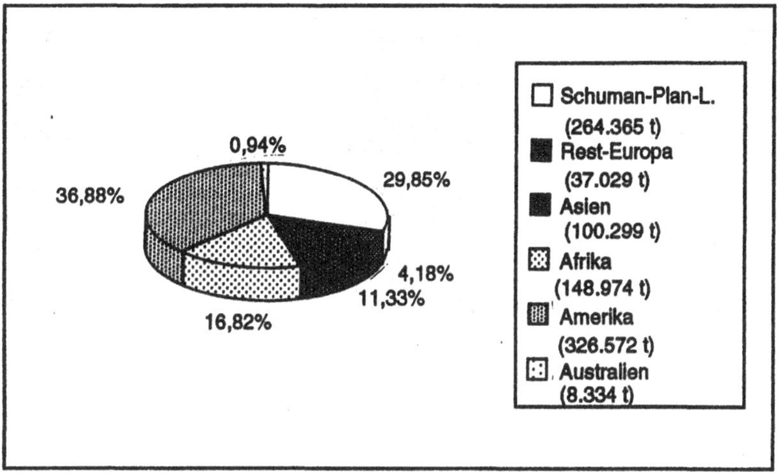

Quelle: Stahl und Eisen 74 (1954), S. 924. Eigene prozentuale Berechnung.

4.3.2 Stahlexporte

Die Stahlexporte waren für das wirtschaftliche Gesamtbild Großbritanniens einer der wichtigsten Faktoren seiner Handelsbilanz.[330] Großbritannien war auch einer der größten Kohleexporteure auf der Welt. Von den 19.263 Tonnen, die es 1949 exportierte, gingen mit 3.661 Tonnen aber nur 19% in die zukünftige Schuman-Gemeinschaft.[331]

330 Dell, Schuman Plan, S. 281.

331 Monthly Statistical Bulletin 25 (Mai 1950), S. 6. Lord behauptet hingegen, daß Großbritannien nur 2% seiner Kohlenproduktion in die Sechsergemeinschaft exportierte. Er gibt für seine Aussage aber keine Quellen an. Lord, Absent, S. 43. Er schneidet die Bedeutungslosigkeit der Schuman-Gemeinschaft für die industriellen Interessen Großbritanniens an, führt diesen Gedanken aber nicht weiter aus und sieht darin keinen Grund für eine britische Absage an den Schuman-Plan. Lord, Absent, S. 44.

Die britische Stahlausfuhr setzte sich aus einer Vielzahl von Erzeugnissen zusammen. Die wichtigsten Ausfuhrprodukte waren 1952: Verzinkte Feinbleche, Weißblech und Schwarzblech, Röhren und Fittings, Schmiedstücke, Schienen, Räder, Draht und Walzdraht, warm gewalzter Bandstahl, kalt gewalzter Bandstahl und legierter Stahl.[332] Wegen des Angebots an seltenen Stahlsorten, gingen die britischen Unternehmer von stabilen Absatzmärkten aus:

"The evidence is that our production costs compare favourably with those of our competitors, we have fairly stable markets for our exports in the Commonwealth and we are helped by the fact that we can offer types of steel which are still in fairly short supply."[333]

Auch das Fernbleiben Großbritanniens vom "Gemeinsamen Markt" hätte an der Abhängigkeit des Kontinents von britischen Stahleinfuhren nichts geändert. Zudem waren die Commonwealth-Länder der größte Absatzmarkt für die britischen Eisen- und Stahlprodukte.

1950 gingen etwa 60% der gesamten Stahlausfuhren in Länder des britischen Commonwealth, aber nur 4% in Länder der späteren Kohle- und Stahlgemeinschaft, was deren geringe Bedeutung für Großbritannien zeigt. Es ist festzustellen, "that the U.K. is still in the pre-war position of depending mainly on export markets outside Europe ... ."[334] An der Spitze der Länder, die britische Eisen- und Stahlprodukte importierten, stand Australien mit 457.609 Tonnen (14,57%). Die Schuman-Plan-Län-

---

[332] Stahl und Eisen 74 (1954), S. 923.

[333] DBPO 18, Note by Sir. N. Brook, 11.5.1950, Enclosure.

[334] Monthly Statistical Bulletin 25 (Mai 1950), S. 9.

der stellten damit nur einen unwesentlichen Absatzmarkt für die britische Stahlindustrie dar (Vgl. Darstellung 7).

Darstellung 7: Britische Ausfuhr von Eisen und Stahl 1950 (3.139.791 Tonnen)

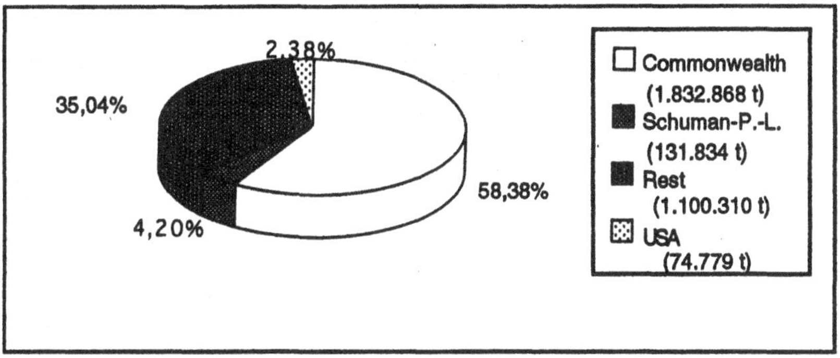

Quelle: Stahl und Eisen 71 (1951), S. 213. Eigene prozentuale Berechnung.

Der Wirtschaftshistoriker Duncan Burn versucht dieses Argument jedoch abzuschwächen: "The emphasis on the smallness of exports to the Community was a producers´ argument, and in character insular."[335] Sein Begründung ist aber nicht sehr überzeugend, denn auch die FG Committee Working Party hatte die Bedeutung der britischen Handelbeziehungen mit dem Commonwealth erkannt:

335 Burn, Steel Industry, S. 468.

"In particular, it would be impossible to enter wholeheartedly into the Community and at the same time to preserve in full the special realtionship with the Commonwealth which is a leading feature of our commercial policy at present."[336]

Fest steht, daß die britische Regierung die vagen Ausführungen des Schuman-Plans zu diesem Thema kritisierte. Auf die Frage einer möglichen Aufrechterhaltung von wichtigen Handelsbeziehungen mit Drittstaaten ging die Presseerklärung des französischen Außenministers gar nicht ein. "No explanation could be given of the method of selling the output of the various industries in third markets",[337] äußerten sich die Labour-Minister enttäuscht. Der Vertrag über die Gründung der Europäischen Gemeinschaft für Kohle und Stahl beseitigte dann dieses Informationsloch. Artikel 73 läßt die Exportpolitik in den Händen der nationalen Regierungen: "Die Handhabung der Einfuhr- und Ausfuhrlizenzen im Verkehr mit dritten Ländern erfolgt durch die Regierung, auf deren Staatsgebiet der Bestimmungsort der Einfuhren oder der Ursprungsort der Ausfuhren liegt."[338]

Darüberhinaus befürchtete die Working Party on Proposed Franco-German Coal and Steel Authority bereits im Juni 1950, "that the pressure might come from the other members of the group for us to give up Imperial Preferences granted by the Commonwealth on our exports of steel".[339] Die britische Stahlindustrie profitierte 1950 von einer Reihe von

---

336 Report by a Working Party of Officials on the Treaty Constituting the European Coal and Steel Community, 31.12.1951, in: PRO/POWE 41/33, S. 40.

337 DBPO 25, Notes of a meeting , 16.5.1950.

338 Haußmann, Schuman-Plan, S. 226.

339 DBPO (Microfiches) 141.

Vorzugszöllen im Handel mit den Commonwealth-Ländern. Dieses System der "Imperial Preferences" gestand den Briten einen ermäßigten Zollsatz für Ausfuhren in die Commonwealth-Länder zu. Der Zollvorteil ergab sich aus dem Unterschied zwischen den normalen Zollsätzen, die von den Commonwealth-Ländern bei der Einfuhr von Eisen und Stahl aus dritten Ländern erhoben wurden, und den Vorzugszollsätzen, die bei den Einfuhren von Eisen und Stahl aus Großbritannien angewandt wurden.

Seit der Empire-Konferenz in Ottawa im Jahre 1932 gab es 4 bedeutende Märkte, in denen Großbritannien das Privileg eines bevorzugten Zollsatzes innehatte: Australien, Kanada, Neuseeland und Südafrika. Für die Beurteilung der Zollvorteile ist der Kreis der Erzeugnisse entscheidend, dem eine Vorzugszollbehandlung zukam. Während Neuseeland praktisch allen Stahleinfuhren aus Großbritannien einen Vorzugszoll einräumte, gewährte Pakistan nur einem Drittel der britischen Eisen- und Stahleinfuhren eine Vorzugsbehandlung. Einige Länder des britischen Empire wiederum gewährten überhaupt keine Vozugszölle (z. B. Süd-Rhodesien). Berücksichtigt man die eingeführten Mengen der einzelnen Eisen- und Stahlsorten, so ergab sich für Ncusccland im Jahrc 1953 cin Zollvorteil von 18%, verglichen mit einem Zollvorteil in Australien von 10%, in Kanada von 6% und in Südafrika von 1%. Durchschnittlich lag der Zollvorteil für britische Ausfuhren von Eisen und Stahl 6% unter den normalen Zollsätze der Commonwealth-Staaten.[340] Diese Beispiele zeigen, wie bedeutend die Wettbewerbsvorteile für britische Eisen- und Stahlausfuhren in das Commonwealth waren. "Unter diesen Umständen wird die britische Stahlindustrie auch weiterhin dem festländischen Wettbewerb nicht Tür und Tor öffenen," schrieb die deutsche Fachzeitschrift Stahl

---

340 Stahl und Eisen 74 (1954), S. 1449/1450.

und Eisen.[341] Der Vertrag über die Gründung der Europäischen Gemeinschaft für Kohle und Stahl bestimmte allerdings - bei einer Teilnahme - eine Übertragung von besonderen Marktzugangsrechten auch auf alle anderen Mitgliedsstaaten: "Die Organe der Gemeinschaft haben im Rahmen der jedem von ihnen zugewiesenen Befugnisse und im gemeinsamen Interesse ... allen in vergleichbarer Lage befindlichen Verbrauchern des gemeinsamen Marktes gleichen Zugang ... zu sichern."[342]

Obwohl der Schutz eines priviligierten Zugangs zu den Commonwealth-Märkten einen wichtigen wirtschaftlichen Faktor in der britischen Haltung zum Schuman-Plan und zur Europäischen Gemeinschaft für Kohle und Stahl darstellte, behauptet Ruggero Ranieri, daß ein "appropriate agreement"[343] mit der EGKS möglich gewesen sei.[344] Die britischen Politiker nahmen aber diesen Handlungsspielraum unmittelbar nach der Verkündigung des Schuman-Plans noch nicht wahr. Erst am 5. Dezember 1952 sah Cecil Weir, der UK-Botschafter bei der EGKS, die Möglichkeit, daß Großbritannien "could obtain consideration for special problems inherent in our relationship with our Commonwealth".[345]

Christopher Lord stellt die These auf, daß das Commonwealth ein unsicherer Ersatz für eine Einbindung in Westeuropa war. Bereits vor 1950 seien "signs of fragmentation" offensichtlich gewesen. Die nationalistischen Sezessionsbewegungen in Südafrika und Indien machten deutlich,

---

[341] Stahl und Eisen 75 (1955), S. 448.

[342] So Artikel 3a. Zitiert nach: Haußmann, Der Schuman-Plan, S. 198. Diese Bestimmung wird in Artikel 79 des EGKS-Vertrages noch spezifiziert.

[343] Ranieri, Magic Circle, S. 137.

[344] Ranieri, Magic Circle, S. 137.

[345] DBPO 520, Sir C. Weir to Mr. Eden, 5.12.1952.

so Lord, daß London die "terms of Commonwealth relationship" nicht vorschreiben konnte. Für die Commonwealth-Länder und ihr Bedürfnis nach Kapital habe Großbritannien immer mehr an Attraktivität verloren. Es seien die USA gewesen, die Großbritannien mit seinen "overstretched conventional capabilities" Konkurrenz gemacht haben.[346] Die Mehrheit der Briten schien allerdings die Warnungen vor der sinkenden Bedeutung des Commonwealth nicht zu beachten. Anfang der 50er Jahre waren sie noch zu stark dem alten Denken der "imperial preferences" verhaftet.[347]

4.3.3 Stahlimporte

Die Stahlimporte bildeten einen Ausnahmefall in den britischen Handelbeziehungen zum Ausland. Bei den Eisen- und Stahleinfuhren war es nicht das Commonwealth, das den ersten Platz unter den Bezugsländern einnahm. Das Commonwealth lieferte 1950 nur 9,09% des verarbeiteten Stahls. Es waren die Schuman-Plan-Länder, wie Frankreich, Deutschland und die Benelux-Staaten, die den Hauptanteil von rund 70% der Stahlimporte stellten. Die britischen Einfuhren bezogen sich aber hauptsächlich auf Rohblöcke und Halbzeug, wobei neben Frankreich, Deutschland, Belgien und Luxemburg auch Schweden, Nowegen, Kanada, Australien und die Vereinigten Staaten von Amerika die Lieferanten waren (Vgl. Darstellung 8). Die Einfuhr von Grobblechen, schwerem Formstahl und

---

[346] Lord, Absent, S. 74.

[347] Die Mehrheit der Briten fühlte sich 1950 noch stark mit den ehemaligen Kolonien verbunden. Die verspätete Ausrichtung auf Europa wird von vielen Kritikern auch als Symptom tieferliegender Probleme interpretiert. Das britische Denken sei von Nostalgie, dem Vorherrschen kurzfristiger Perspektiven und von "psychological inertia" geprägt. Frederick S. Northedge, Britain as a Second-Rank Power, in: International Affairs 46 (1970), S. 40.

leichten Walzerzeugnissen fiel dagegen geringer aus.[348] Der Gesamtwert der Eisen- und Stahlimporte betrug im Jahr 1950 rund 714.000 Tonnen.[349]

Darstellung 8: Britische Einfuhr von Eisen und Stahl 1950

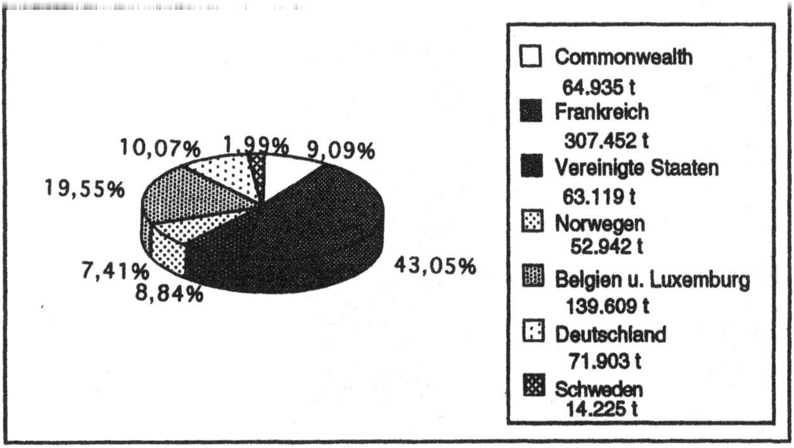

Quelle: Stahl und Eisen 71 (1951), S. 212. Eigene prozentuale Berechnung.

Allerdings regelte Großbritannien seine Stahleinfuhren mittels einer flexiblen Zollpolitik. Bei einem hohen Bedarf an Stahl wurden die Zölle gesenkt, um eine ausreichende Zusatzversorgung zu garantieren. Sollte dagegen ein Nachfragerückgang eintreten, wurden die Zölle erhöht. Das Import Duties Act (Einfuhrzollgesetz) von 1932 setzte erstmals für Stahl Einfuhrzölle fest. Die Höhe der Nachkriegszölle kann dahingehend umschrieben werden, daß nominell ein Stahlzoll von 20 bis 33,3 % erhoben

348 Stahl und Eisen 74 (1954), S. 923.

349 Stahl und Eisen 71 (1951), S. 212.

wurde, daß aber in Zeiten einer Mangellage die Zölle zum Teil oder ganz außer Kraft gesetzt wurden.[350] Mit diesem flexiblen Zollystem konnten sich die britischen Unternehmer vor allem auch vor der deutschen Konkurrenz schützen:

> "A question which seems likely to become crucial to our conclusions about joining the Schuman Plan is whether we can afford to give away our present right to protect ourselves against competition from the German steel industry in our home market."[351]

Bei fehlender Nachfrage konnte der Zollsatz eine "größere Senkung der Stahleinfuhren" bewirken, verriet die BISF.[352] Es ist nur schwer vorstellbar, daß diese Einfuhrpolitik fortgesetzt werden konnte, wenn Großbritannien Mitglied der Montanunion geworden wäre. Diese hätte für Großbritannien nämlich die Teilnahme an dem "gemeinsamen Markt für Kohle und Stahl" bedeutet, in dem "Ein- und Ausfuhrzölle oder Abgaben gleicher Wirkung sowie mengenmäßige Beschränkungen des Wahrenverkehrs" untersagt waren.[353] Das FG Committee sah die negativen Folgen eines britischen Beitritts zur EGKS voraus: "Apart from this main consideration, other commercial policy implications of full membership would be the abolition of tariffs and quantitative restrictions on steel imports from the other members of the Community."[354]

---

350 Vgl. Working Party on Proposed Franco-German Coal and Steel Authority vom 16. Juni 1950, DBPO (Microfiches) 146.

351 DBPO (Microfiches) 768, 29.5.1951.

352 Zitiert nach: Stahl und Eisen 75 (1955), S. 448.

353 So Artikel 4a des EGKS-Vertrages. Abgedruckt in: Haußmann, Der Schuman-Plan, S. 199.

354 Report by a Working Party of Officials on the Treaty Constituting the European Coal

4.4 Löhne und Sozialabgaben

Die Löhne in der britischen Kohle- und Stahlindustrie waren höher als auf dem Kontinent.[355] Betrug 1955 der Stundenlohn eines britischen Bergarbeiters 3,65 Schweizer Franken, so zahlte die französische Kohleindustrie nur 2,7 Schweizer Franken pro Stunde. Sie wurde dicht gefolgt von dem deutschen Lohnsatz von 2,33 Schweizer Franken. Den niedrigsten Lohn bekamen mit 1,42 Schweizer Franken die Minenarbeiter in Italien. In der Stahlindustrie war der Lohnunterschied dagegen nicht so groß. Betrug 1955 der Stundenlohn eines britischen Stahlarbeiters 2,97 Schweizer Franken, so zahlte die französische Stahlindustrie nur 2,37 Schweizer Franken. Der deutsche Lohnsatz lag mit 2,58 Schweizer Franken in der Mitte. Italien bildete mit 1,98 Schweizer Franken wieder das Schlußlicht (Vgl. Darstellung 9).[356]

---

and Steel Community, 31.12.1951, in: PRO/POWE 41/33, S. 40.

[355] Report by a Working Party of Officials on the Treaty Constituting the European Coal and Steel Community, 31.12.1951, in: PRO/POWE 41/33, S. 37.

[356] International Labour Office (Hrsg.), Labour Costs in European Industry, in: Studies and Reports, New Series 52, Geneva 1959, S. 56. Vgl. auch Les salaires et les charges sociales dans les pays de l'O.E.C.E., in: Études et Conjuncture 6 (März 1951), S. 83.

Darstellung 9: Löhne in der Kohle- und Stahlindustrie 1955[357] (in Schweizer Franken)

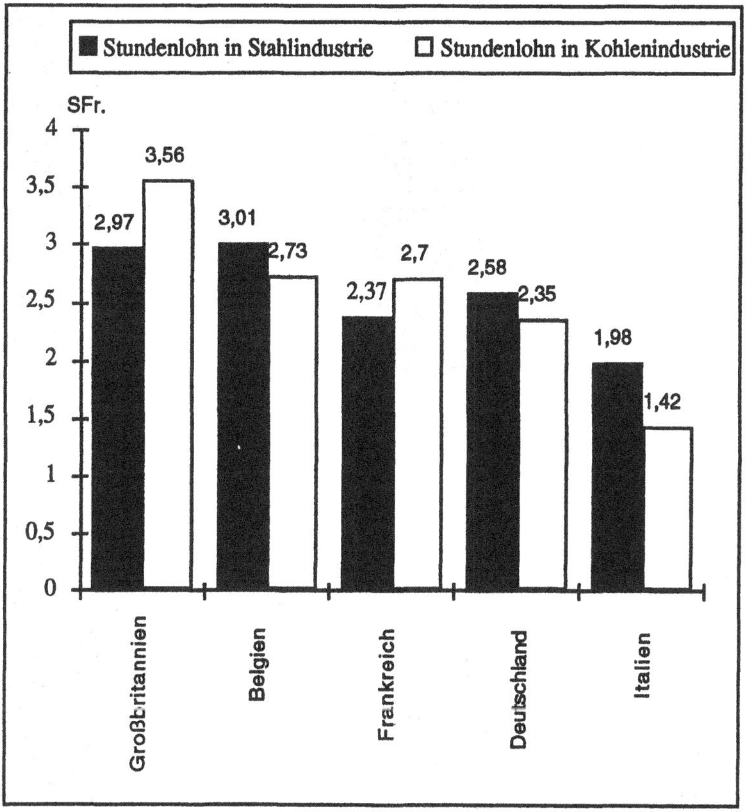

Quelle: International Labour Office (Hrsg.), Labour Costs in European Industry, in: Studies and Reports, New Series 52, Geneva 1959, S. 56.

357 Für das Jahr 1950 konnte keine Tabelle gefunden werden, die die Löhne in der europäischen Kohlen- und Stahlindustrie in einer einheitlichen Währung vergleicht. Aber die Heranziehung von allgemeinen Lohntabellen aus dem Jahre 1950 zeigt, daß die britischen Löhne bereits 1950 in Europa überdurchschnittlich hoch waren. Vgl. International Labour Office, Year Book of Labour Statistics 1949-50, Geneva 1951, S. 142-149 und L'évolution des salaires dans le Monde en 1949, in: Études et Conjuncture 5 (Mai-Juni 1950), S. 21.

Einerseits bedeuten hohe Löhne, daß die Produktionskosten[358] höher waren als auf dem Kontinent. Andererseits garantierten hohe Löhne einen besseren Lebensstandard und eine höhere Kaufkraft der Arbeiter und wurden deshalb von den Gewerkschaften befürwortet. Der Nachteil höherer Löhne in Großbritannien wurde aber unter anderem durch eine höhere Produktivität ausgeglichen.

Unsicher waren sich die britischen Beamten über die Art der im Schuman-Plan vorgesehenen Lohnangleichung.[359] Würden sich die kontinentalen Löhne an die britischen nach oben angleichen oder müßten die britischen Löhne gesenkt werden und damit der Lebensstandard des britischen Arbeiters vermindert werden? Die britischen Gewerkschaften waren gegen eine europäische Integration, wenn sie die Senkung der Löhne zur Folge gehabt hätte. Sir William Lawther, President der NUM (National Union of Mineworkers) wollte den Schuman-Plan nicht unterstützen, wenn er den Lebensstandard der britischen Arbeiter verringerte:

> "British miners have the best standard of pay and working conditions in Europe. It has taken us years to get in. We do not mind other nations coming up, but we will not go back."[360]

---

[358] Darüberhinaus ist zu beachten, daß die Sozialabgaben in Großbritannien, die der Unternehmer für einen Arbeiter zahlen mußte, sehr gering waren. Les salaires et les charges sociales dans les pays de l'O.E.C.E., in: Études et Conjuncture, 6 (März-April 1951), S. 69.

[359] "No detailed thought appears to have been given to the problem of wage equalisation ... ." DBPO 25, Notes of meeting 16.5.1950.

[360] From Foreign Office to Washington, 30.5.1950, in: Public Record Office/Foreign Office, PRO/FO 371/85845/2582.
Auch Arthur Street, Deputy Chairman des National Coal Board, sagte, daß der Kontinent Großbritannien um die hohen Löhne und Sozialleistungen beneiden würde. Coal, August 1950, S. 38.

Nun sah der EGKS-Vertrag eine Angleichung der Löhne nur vor, wenn "die Unterschiede der Produktionskosten in anderer Weise als durch Änderung der Leistungen wesentlich vergrößert" wurden.[361] Darunter ist zu verstehen, daß die Hohe Behörde nur bei niedrigen Löhnen mit Zwangsmaßnahmen gedroht hätte, da diese einen Konkurrenzvorsprung ermöglicht hätten, der auf die Kosten der Gemeinschaft gegangen wäre. In Großbritannien waren die Löhne aber höher als auf dem Kontinent und stellten damit keine Gefahr für eine bessere Wettbewerbssituation dar.

Bei den Sozialabgaben sah die Situation aber anders aus. Ein Vergleich der 1949 von den Unternehmern zu leistenden Sozialabgaben zeigt, daß das Niveau der unternehmerischen Sozialbeiträgen in Europa stark variierte. Wie die Darstellung 10 zeigt, reichte die Beteiligungsspanne der Arbeitgeber an den Sozialabgaben - gemessen am proportionalen Lohnanteil - von ca. 7,86% in Großbritannien über 24 % in Luxemburg und Belgien bis zu 40,61% in Deutschland und 58,64% in Italien. Der Betrag der unternehmerischen Sozialabgaben setzte sich grundsätzlich aus den Kosten der Sozialversicherung, der Unfallsversicherung, dem Kindergeld und den gesetzlich vorgeschriebenen Verpflichtungen, eine bestimmte Anzahl von Urlaubstagen zu bezahlen. Die Sozialversicherung umfaßte dabei die Alters-, Invaliden-, Kranken-, Arbeitslosenversicherung sowie den Mutterschaftsurlaub. Bei einigen Ländern kamen zu den allgemeingültigen Sozialabgaben noch zusätzliche Sozialkosten hinzu, wie z. B. in Italien und Deutschland das Weihnachtsgeld. Aus der Darstellung 10 geht hervor, daß in Großbritannien die Sozialbeiträge der Arbeitgeber besonders niedrig waren. Von den Kosten für das Kindergeld, die in Deutschland 16% der unternehmerischen Abgaben ausmachten, waren die

[361] Artikel 67 Paragraph 2. Haußmann, Schuman-Plan, S. 222.

britischen Unternehmer befreit. Diese soziale Verpflichtung wurde vom britischen Staat übernommen. Sein Anteil lag aber mit 2% noch weit unter dem deutschen und italienischen Prozentsatz.[362] Die französischen und luxemburgischen Unternehmer waren andererseits von den Kosten für die Arbeitslosenversicherung befreit. Zusätzliche Sozialabgaben wie in Italien, Deutschland, Frankreich und Belgien fielen für die britischen Unternehmer ganz weg.

Darstellung 10: Sozialbeiträge der Arbeitgeber in Europa 1949 (in % vom Durchschnittslohn)

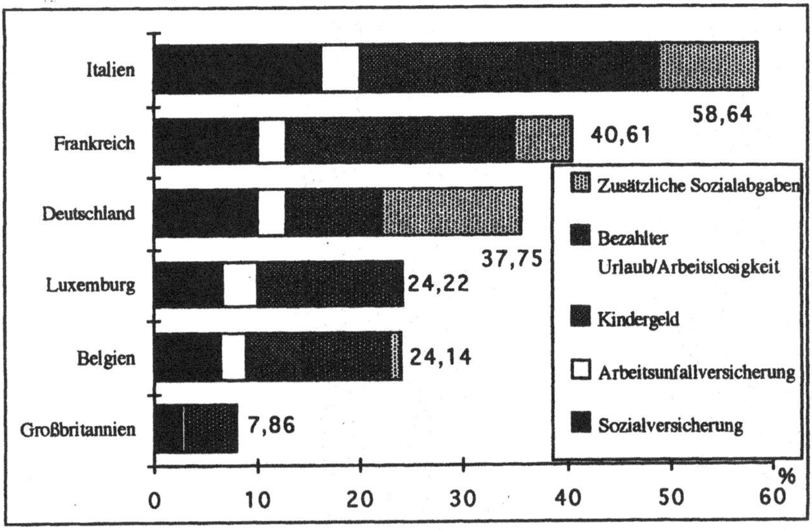

Quelle: Les salaires et les charges sociales dans les pays de l'O.E.C.E., in: Études et Conjuncture 6 (März-April 1951), S. 78/79. Eigene Umsetzung.

362 Les salaires et les charges sociales dans les pays de l'O.E.C.E., in: Études et Conjuncture 6 (März-April 1951), S. 94.

Es ist fraglich, ob der Produktionskostenvorsprung britischer Unternehmer durch niedrigere Sozialabgaben durch eine zusätzliche Besteuerung der Arbeitgeber aufgehoben wurde. In seinem Buch "The Steel Industry 1939-1959" weist Duncan Burn zwar auf die Finanzierung der britischen Sozialleistungen durch eine zusätzliche Besteuerung der Unternehmen hin: "When the cost of social services was largely covered by general taxation, as in Great Britain, a great part of it was spread in effect over all industries in proportion to their profit (one might also say to their turnover)."[363] Wenig später schwächt er aber die Bedeutung einer zusätzlichen Belastung britischer Unternehmer ab, wenn er behauptet, daß in allen europäischen Ländern "several types of distortion" existierten und sie "in some extent mutually compensatory" wirkten.[364] Die zusätzliche Steuerlast für britische Unternehmen zur Finanzierung von Sozialleistungen wird hingegen vom Economist bestritten. Die britischen Unternehmer seien weder von einer direkten noch von einer indirekten Besteuerung betroffen gewesen:

> "Social security costs are here borne to a much larger extent through the budget; coal and steel in Britain pay no indirect taxes comparable to the 'turnover' and 'production taxes' imposed on certain European industries. The Authority holds that these points, and the 'facts' that British coal is extempt from profits tax and sells at bare production costs, entirely explain the difference between British and European coal prices."[365]

---

363 Burn, The Steel Industry, S. 431.

364 Burn, The Steel Industry, S. 431/432.

365 The Economist vom 31.1.1951, S. 332.

Die Sozialversicherung in Großbritannien sei danach stärker als auf dem Kontinent vom staatlichen Budgethaushalt getragen worden. Dabei berücksichtigt der Economist aber nicht die Finanzierung der Staatsausgaben. Eine Antwort darauf gibt eine Tabelle des International Labour Office. Danach wurden 1955 in Großbritannien 46,6 % der Staatsausgaben durch indirekte Steuern finanziert, verglichen mit 65,1 % in Frankreich und 63,8 % in Deutschland. Die direkte Besteuerung von Unternehmen machte in Großbritannien 16,2 % der gesamten Saatseinnahmen aus, verglichen mit 27,3 % in Deutschland und 11,8 % in Frankreich. In Dänemark hatte die direkte Besteuerung der Unternehmen sogar einen Anteil von 48,4 % an den Staatseinnahmen, in Belgien 28,2 % und in Italien 25,2 %.[366] Der Vergleich zeigt, daß der Gewinn, den britische Unternehmer aus niedrigeren Sozialbeiträgen ziehen konnten, nicht durch eine - im Vergleich zu anderen europäischen Staaten - zusätzliche Belastung durch den Fiskus aufgehoben wurde. Bei der Finanzierung der Staatsausgaben für Sozialleistungen wurden die britischen Unternehmer nicht viel stärker zur Kasse gebeten als ihre kontinentaleuropäischen Kollegen. Teilweise lag die Steuerlast auf der Insel sogar noch weit unter den Abgaben auf dem Festland.

Die britischen Unternehmen profitierten durch die niedrigen Sozialbeiträge folglich von einem nicht zu unterschätzenden Kostenvorsprung.[367] Bei einer britischen Teilnahme an der Europäischen Gemeinschaft für Kohle und Stahl wurde zu Recht eine zwingende Angleichung der britischen Sozialabgaben an die des Kontinents befürchtet.[368] Der

---

366 International Labour Office (Hrsg.), Labour Costs in European Industry, in: Studies and Reports, New Series 52, Geneva 1959, S. 102.

367 Monthly Statistical Bulletin 29 (März 1954), S. 7.

368 Dies war übrigens auch ein Grund dafür, daß sich Großbritannien eine Rückzugs-

Vertrag über die Gründung der europäischen Gemeinschaft für Kohle und Stahl besagt zwar: "Die in den verschiedenen Mitgliedstaaten angewandten Arten der Festlegung der Löhne und Sozialleistungen werden, soweit die Kohle- und Stahlindustrie in Betracht kommt, von der Durchführung dieses Vertrages nicht berührt."[369] Jedoch schränkt er diese Bestimmung wenig später ein. In Artikel 68 Paragraph 5 bestimmt er, daß die Hohe Behörde Maßnahmen ergreifen darf, wenn die Finanzierung der Sozialversicherung die in Artikel 67 Paragraphen 2 und 3 genannten Wirkungen hat. Sie darf beispielsweise nicht die Produktionskosten in anderer Weise als durch Veränderung der Leistungen vergrößern.[370]

Die geringen Sozialabgaben der britischen Arbeitgeber hatten aber auch nicht erhöhte Beitragszahlungen der Arbeitnehmer zur Folge. Ganz im Gegenteil: Großbritannnien lag auch hier weit unter dem europäischen Durchschnitt (Vgl. Darstellung 11).

---

klausel (opt-out-Klausel) für die Sozialcharta des Maastrichter Vertrages vom Dezember 1991 sicherte. Zu dem britischen Festhalten an einer unabhängigen Sozialpolitik vgl. George, Integration, S. 101/102.

[369] Artikel 68, Paragraph 2. Haußmann, Der Schuman-Plan, S. 223.

[370] Artikel 68, Paragraph 5 mit Bezug auf Artikel 67, Paragraph 2. Haußmann, Der Schuman-Plan, S. 222/224. Die Maßnahmen der Hohen Behörde werden in Artikel 67 Paragraph 2 auch näher bestimmt: "Hat die Maßnahme des Staates schädliche Auswirkungen auf die Kohle- und Stahlunternehmen innerhalb der Hoheitsgewalt anderer Mitgliedstaaten, so richtet die Hohe Behörde an ihn eine Empfehlung mit der Aufforderung, diese Auswirkungen durch Maßnahmen zu beseitigen, die nach seiner Ansicht am besten mit seinem eigenen wirtschaftlichen Gleichgewicht vereinbar sind."

Darstellung 11: Sozialbeiträge der Arbeitnehmer in Europa 1949 (in % vom Durchschnittslohn)

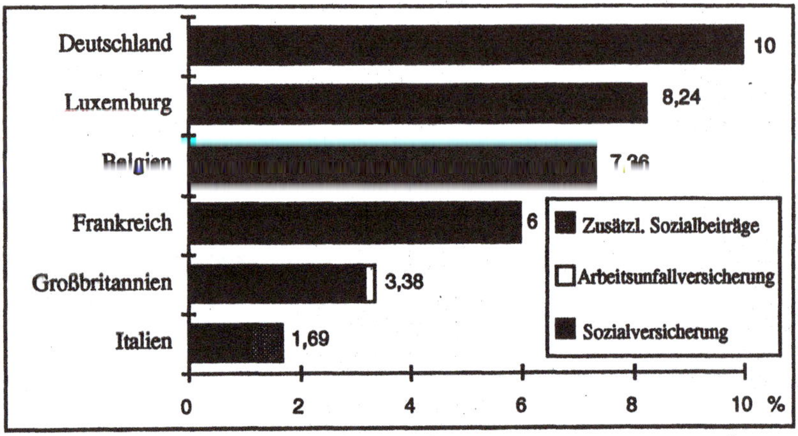

Quelle: Les salaires et les charges sociales dans les pays de l'O.E.C.E., in: Études et Conjuncture 6 (März-April 1951), S. 84. Eigene Umsetzung.

Grundsätzlich hatten die Arbeiter in Europa geringere Sozialabgaben zu leisten, als die Unternehmer. Am offensichtlichsten ist dies am Beispiel Italiens auszumachen. Hier waren die Sozialabgaben der Unternehmer mit 58,64% vom Durchschnittslohn am höchsten und die der Arbeiter mit 1,69% am niedrigsten. Die Sozialbeiträge der britischen Arbeiter umfaßten nur 3,38% vom Durchschnittslohn und waren damit - nach Italien - in Europa am geringsten. Zusammen mit der Beteiligung der Unternehmer von 7,86% betrug die Summe der Sozialabgaben in Großbritannien 11,24% vom Durchschnittslohn, in Frankreich 46,61%, in Deutschland 47,75% und in Italien 60,33% (Vgl. Darstellung 12).

Darstellung 12: Anteil von Arbeitgeber und Arbeitnehmer an den Sozialbeiträgen 1949 (in % vom Durchschnittslohn)

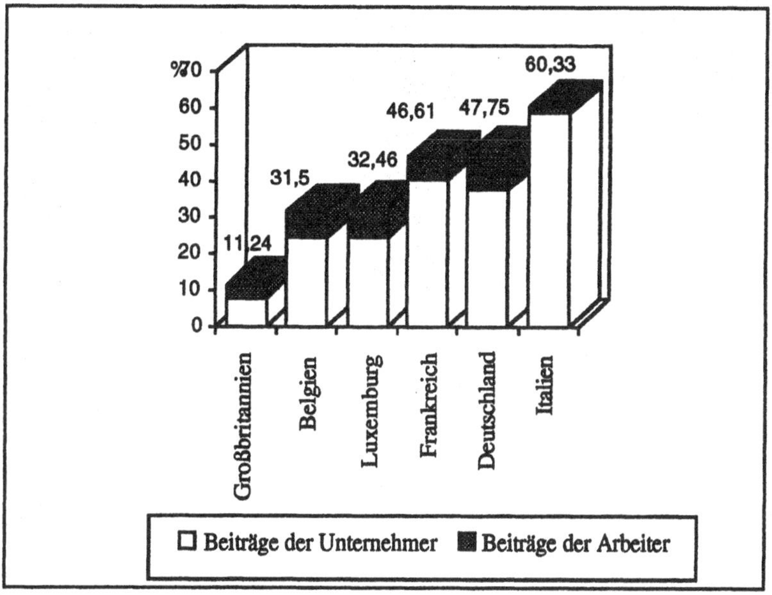

Quelle: Les salaires et les charges sociales dans les pays de l'O.E.C.E., in: Études et Conjuncture 6 (März-April 1951), S. 84. Eigene Umsetzung.

Die Beteiligung des Staates an der Finanzierung der Sozialbeiträge ist in jedem Land gesetzlich festgeschrieben. Daher variiert der Anteil staatlicher Unterstützung in den verschiedenen Ländern. 1949 gab es aber in den staatlichen Subventionen der Sozialleistungen keinen großen Unterschied in Europa. Lag die staatliche Unterstützung in Frankreich, den Niederlanden und Luxemburg unter 5%, betrug das staatliche Engagement in Großbritannien 6% und in Belgien über 10%.[371] Während sich in Großbritannien die staatliche Finanzierung auf das gesamte Sozialsystem

371 Les salaires et les charges sociales dans les pays de l'O.E.C.E., in: Études et Conjuncture 6 (März 1951), S. 92/95.

verstreute, beschränkte sie sich in den anderen Staaten, wie Frankreich und Belgien, nur auf spezielle Versicherungsbranchen, wie z. B. die Arbeitsunfallversicherung.

In macher Beziehung war das britische Sozialversicherungswesen fortschrittlicher als auf dem Kontinent. Während 1949 in Großbritannien bereits eine Arbeitslosenversicherung bestand, existierte diese weder in Frankreich noch in Luxemburg: "Le tableau fait apparaître que l´assurance-maladie conserve un caractère privé et facultatif au Danemark, en Finlande et en Suisse, et que l´assurance-chômage n´existe pas en France, au Luxembourg, au Portugal et en Turquie."[372] In den Niederlanden wurde eine derartige soziale Absicherung im Juli 1950 gesetzlich erneuert.[373] Eine weitere Überlegenheit des britischen Sozialsystems bestand in der Gleichheit der Sozialabsicherungen in allen Industriebereichen. Auf dem Kontinent war das anders. Die Arbeitsunfallversicherung wurde beispielsweise von dem Arbeitsrisiko abhängig gemacht.[374]

Die hohen Löhne und die niedrigen Sozialbeiträge in der britischen Kohle- und Stahlindustrie erbrachten Großbritannien soziale und wettbewerbspolitische Vorteile, auf die es durch einen Beitritt zur Europäischen Gemeinschaft für Kohle und Stahl sicher nicht verzichten wollte.

---

[372] Les salaires et les charges sociales dans les pays de l´O.E.C.E., in: Études et Conjuncture 6 (März 1951), S. 74.

[373] Les salaires et les charges sociales dans les pays de l´O.E.C.E., in: Études et Conjuncture 6 (März 1951), S. 83.

[374] Les salaires et les charges sociales dans les pays de l´O.E.C.E., in: Études et Conjuncture 6 (März 1951), S. 74.

4.5 Preisstruktur

In Großbritannien bestand das System des "dual pricing", d. h. eine Differenzierung von Inlands- und Exportpreisen für Kohle und Stahl. Auch in Deutschland gab es eine derartige Differenzierung bei der Preissetzung.[375] Das Doppelpreissystem garantierte einen höheren Erlös aus den Exporten als aus dem Inlandsverkauf, denn pro Tonne exportierter Kohle oder Stahl wurde ein zusätzlicher Aufpreis von einem Pfund veranschlagt.[376] Bei einem Beitritt zum Schuman-Plan hätte Großbritannien auf derartige Einnahmen verzichten müssen. Auf die Kohleexporte bezogen, schrieb die Working Party des FG Committee:

> "Joining the Community would also have an important consequence in regard to prices since we should have to give up the export premium now obtained on exports to Community countries. At present this amounts to about 30s. a ton and, with exports to the Community planned at 1-2million tons, the loss of foreign exchange would be about £2 million."[377]

Der Vertrag über die Gründung der Europäischen Gemeinschaft für Kohle und Stahl sah nämlich vor, "für die Festsetzung niedrigster Preise unter den Bedingungen Sorge zu tragen, daß diese Preise nicht gegenseitig eine Erhöhung der von den gleichen Unternehmen bei anderen

---

[375] Diebold, Imponderables, S. 128.

[376] H. Scholes, Coal Division, Overseas Branch, 23.1.1953, in: Public Record Office/Ministry of Power and Fuel, PRO/POWE 41/46.

[377] Report by a Working Party of Officials on the Treaty Constituting the European Coal and Steel Community, 31.12.1951, in: PRO/POWE 41/33, S. 28. Auf die Stahlexporte bezogen, war der finanzielle Verlust sicherlich höher.

Geschäften angewandten Preise ... zur Folge haben".[378] Es oblag auch der Hohen Behörde auf dem Gebiet der Preise und der Handelspolitik einzugreifen und in besonderen Situationen Höchst- oder Mindestpreise vorzuschreiben.[379] Aus dem Preisvergleich (Vgl. Darstellung 13) geht hervor, daß die britischen Inlandspreise im Durchschnitt etwa 66% unter den amerikanischen Notierungen lagen und meist auch erheblich unter den gleichartigen Preisen der westeuropäischen Länder blieben. 1950 lagen die britischen Preise im Durchschnitt zu 22% unter dem französischen, zu 9% unter dem deutschen und zu 39% unter dem belgisch-luxemburgischen Preisindex. Nur der deutsche Stabstahl war etwas billiger als der britische, was aber eine Ausnahme darstellte.

---

378 So Artikel 3c. Zitiert nach: Haußmann, Der Schuman-Plan, S, 198.

379 So Artikel 61a und 61b. Zitiert nach: Haußmann, Der Schuman-Plan, S. 217.

Darstellung 13: Vergleichende Inlandspreise für Stahl 1950 (Preise in Verhältniszahlen zu den britischen Preisen)

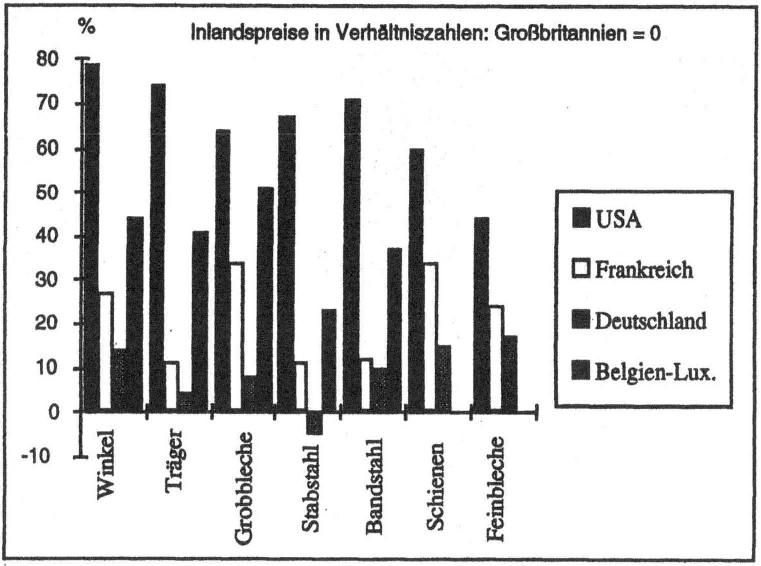

Quelle: Eisen und Stahl 71 (1951), S. 219. Eigene prozentuale Berechnung.

Nach Ranieri wurden in Großbritannien die Höchspreise für die Mehrheit der Stahlformen vom Minstry of Supply in Zusammenarbeit mit der BISF fixiert.[380] Er faßt zusammen, wenn er sagt: "Prices were artificial and kept inordinarily low."[381] Seine Behauptungen von staatlichen Preisfixierungen und Subventionen kann Ranieri jedoch nicht durch Quellenmaterial belegen. Er gibt sogar offen zu: "Nobody ... was quite sure of how much of this differential was due to artificial pricing and government subsidies, and how far instead it was a result of a greater level

---

[380] Ranieri, Magic Circle, S. 130.

[381] Ranieri, Magic Circle, S. 134.

of productivity on the part of British firms."[382] Da die staatlichen Subventionen nach Ranieri erst im August 1951 einsetzten, konnten sie in den britischen Stahlpreisen von 1950 auch noch gar nicht enthalten sein.[383]

Ranieris Behauptung wird zudem durch Tabellen des International Labour Office aus dem Jahre 1955[384] entkräftigt. Danach suventionnierten alle europäischen Staaten die Löhne in der Kohle-[385] und Stahlindustrie. Durch diese Lohnsubventionierungen wurden indirekt auch die Kohle- und Stahlpreise der einzelnen Länder niedrig gehalten. In der deutschen Stahlindustrie lagen die staatlichen Subventionen mit 4,1% der Lohnkosten am höchsten, danach folgten die Italiener mit 3,1%, die Franzosen mit 1,9%, die Belgier mit 1,1%. Den Schluß bildete Großbritannien mit einer Lohnsubvention von 0,8% in der Stahlindustrie.[386] In der europäischen Kohleindustrie gab es eine ähnliche staatliche Unterstützung. Diesmal führte Italien mit einer Lohnsubvention von 5,4% des Gesamtlohns, gefolgt von Großbritannien mit 2% und Deutschland mit 1,4% sowie Frankreich und Belgien mit jeweils 0,7%.[387]

---

382 Ranieri, Unlikely Union, S. 121.

383 In seinen Behauptungen stützt sich Ranieri auf die Untersuchungen Duncan Burns. Dieser beschreibt in seinem Buch "The Steel Industry 1939-1959", daß der britische Staat die Preise von Rohstoffimporten, wie z. B. Eisenerzen, subventionierte. Damit wurden indirekt die Preise der britischen Stahlerzeugnisse niedrig gehalten. 1949 setzt Burn aber dann ein "removal of state subsidies on imports of raw materials" an. Burn, Steel Industry, S. 202.

384 Frühere Tabellen konnten leider nicht ausfindig gemacht werden. Da Ranieri britische Subventionen der Stahlpreise erst nach 1951 annimmt, können sie hier als Gegenargument zu der Behauptung, die Briten würden als einzige ihre Stahlpreise subventionieren, verwandt werden.

385 Duncan Burn weist darauf hin, daß beispielsweise die belgischen Kohleminen noch bis 1958 subventioniert wurden. Burn, Steel Industry, S. 416.

386 International Labour Office (Hrsg.), Labour Costs in European Industry, in: Studies and Reports, New Series 52, Geneva 1959, S. 38/39.

387 International Labour Office (Hrsg.), Labour Costs in European Industry, in: Studies and Reports, New Series 52, Geneva 1959, S. 40/41.

Durch die Dokumente des International Labour Office konnte gezeigt werden, daß die britischen Subventionen in der Stahlindustrie - anders als von Ranieri behauptet - nicht über, sondern unter den Subventionen der anderen europäischen Staaten lagen.[388] Damit hätte der Kontinent stärker als Großbritannien von einem Preisvorteil in der Stahlindustrie profitieren müssen. In der Kohleindustrie lagen die staatlichen Subventionen Großbritanniens nur geringfügig über denen des Kontinents.

Die niedrigen Kohlepreise waren 1950 unter anderem auch auf die hohe Produktivität der britischen Kohlearbeiter zurückzuführen.[389] Bauten die Briten 1,61 Tonnen pro Mannschicht ab, betrug der europäische durchschnittliche Kohleabbau 1,40 Tonnen. Die Franzosen lagen 29%, die Deutschen 13% und die Belgier 38% unter der Produktivität eines britischen Kohlearbeiters. Hier hatte die britische Kohleindustrie einen entscheidenden Konkurrenzvorsprung vor den späteren Schuman-Plan-Ländern - mit Ausnahme der Niederlande - (Vgl. Darstellung 14).

---

388 Ein Bericht der Working Party on Proposed Franco-German Coal and Steel Authority vom 16. Juni 1950 bestätigt diesen Tatbestand: "The elimination of subsidies would present little difficulty for the United Kingdom since they are now negligeable." DBPO (Microfiches) 141.

389 Auch die Produktivität der britischen Stahlarbeiter war relativ hoch und nahm jährlich zu. Vgl. Keeling/Wright, The Development, S. 127.

Darstellung 14: Kohleabbau pro Mannschicht im März 1950 im europäischen Vergleich

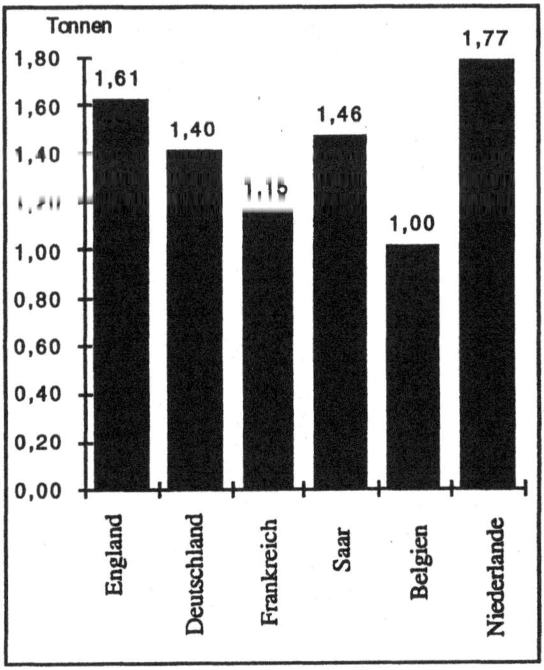

Quelle: The Iron and Coal Trades Review 160 (1950), S. 1258. Eigene Umsetzung.

Obwohl Großbritannien 1950 der drittgrößte Stahlproduzent auf der Welt war, behauptet Ranieri, daß " ... the British steel market was not to be a competitive one."[390] Gegen Ranieris Annahmen spricht, daß Großbritannien sowohl 1950, aber auch noch 1953 auf dem Stahlmarkt absolut konkurrenzfähig war. Die britischen Stahlpreise lagen 1950 und auch 1953 - ein Jahr nach dem Inkrafttreten des EGKS-Vertrages - noch weit unter dem Preisindex der EGKS-Länder (Vgl. Darstellung 15).[391]

390 Ranieri, Magic Circle, S. 130.

391 Aus der Graphik ist ersichtlich, daß nach der Unterzeichnung des EGKS-Vertrages

Duncan Burn unterstützt diese Behauptung und schreibt: "Her lower prices made her [Britain] amply competitive."[392] Eine Teilnahme am Schuman-Plan schien daher nicht notwendig zu sein.

Darstellung 15: Entwicklung des vom Großhandelspreisindex bereinigten Stahlpreises[393] in der Gemeinschaft, Großbritannien und in den Vereinigten Staaten von Amerika (1938 = 100)[394]

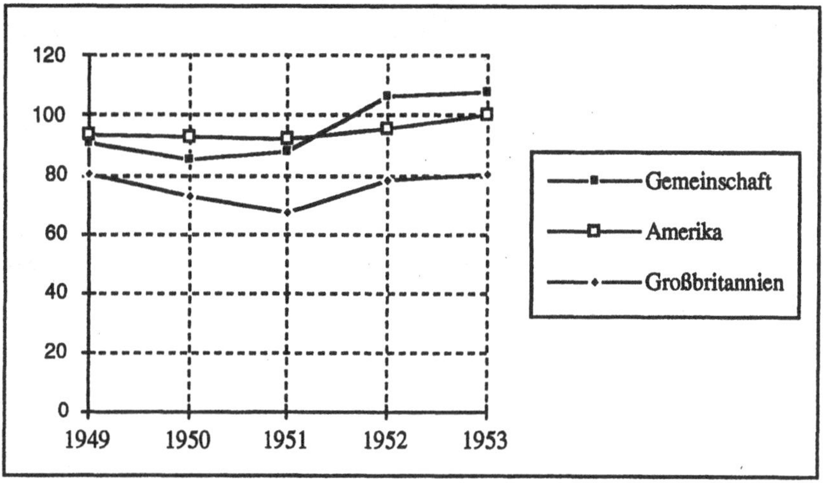

Es ist zu beachten, daß Großbritannien nach dem Siemens-Martin-Verfahren und die Gemeinschaft überwiegend nach dem basischem Bessemer-Verfahren Stahl produzierte.
Quelle: Stahl und Eisen 74 (1954), S. 1572. Eigene Umsetzung.

---

im April 1951 die europäischen Stahlpreise rasch anstiegen, während der amerikanische Preisindex nahezu konstant blieb. Das Hochschnellen der Preise in Europa ist sicherlich die Folge von Absprachen innerhalb des Schuman-Kartells.

[392] Burn, Steel Industry, S. 466.

[393] Hierbei wurde von den Preisen für Stabstahl in den einzelnen Ländern ausgegangen, dessen Preisindex durch den allgemeinen Index der Großhandelspreise geteilt wurde. Der Studie lagen die offiziellen Binnenhandelspreise zugrunde.

[394] Die Meßzahlen (Index) des tatsächlichen Stahlpreises wurden im Vergleich zum allgemeinen Preisstand errechnet.

Die britischen Preise[395] waren die Folge von niedrigen Rohstoffkosten (Kohlepreisen) und geringen unternehmerischen Sozialabgaben. Hinzu kam, daß die britischen Unternehmer - im Gegensatz zu den kontinentaleuropäischen Staaten - keine zusätzlichen Steuern zahlen mußten.[396] Diese Preisdifferenz zum Kontinent war ein bedeutender Konkurrenzvorteil für die britische Industrie, den sie durch einen Beitritt zur EGKS nicht verlieren wollte. Denn der EGKS-Vertrag sah nicht nur vor, Höchst- bzw. Mindestpreise für das Unionsgebiet festzusetzen, sondern wollte auch das britische Prinzip des "dual pricing" verbieten. Diese Bestimmungen widersprachen den wirtschaftlichen Interessen der britischen Kohle- und Stahlindustrie.

4.6 Investitionspläne und Modernisierung der britischen Kohle- und Stahlindustrie

Die britische Industrie hatte in bezug auf ihre Investitionen stets großen Wert auf Flexibilität aus der Notwendigkeit gelegt, alle Pläne einer Änderung des Bedarfs schnell anzupassen. Sie verhielt sich deshalb ablehnend gegenüber Vereinbarungen, die Investitionen gleich welcher Form von der Zustimmung einer übernationalen Behörde abhängig ma-

395 Die niedrigen britischen Stahlpreise werden auch in vergleichenden Tabellen des Annual Report der British Iron and Steel Federation offensichtlich. Die britischen Preise lagen erheblich unter denen der Gemeinschaft. So z. B. British Iron and Steel Federation (Hrsg.), Annual Report, London 1952, S. 71; Annual Report 1953, S. 25 und Annual Report 1954, S. 47. Um einen Vergleich zu bekommen: 50 Tonnen Winkelstahl kosteten in Großbritannien 1954 rund 29 Pfund, in Deutschland 36 Pfund, in Frankreich 35 Pfund und in Belgien 32 Pfund.

396 The Economist vom 31.1.1953, S. 332.
Im Annual Report 1954 der BISF, S. 19 steht, daß sich die britischen Kohlen- und Stahlpreise aus den Produktionskosten plus einer "standard margin" (d. h. ein pauschaler Preisaufschlag) zusammensetzten.

chen konnten. Sowohl der Schuman-Plan als auch der EGKS-Vertrag sahen auf dem Gebiet der Investitionspolitik nationale Einschränkungen vor. Robert Schuman sprach im Mai 1950 von der "Anwendung eines Produktions- und Investitionsplanes",[397] um die verschiedenen Produktionsbedingungen, in denen sich die zukünftigen Teilnehmerstaaten befanden, anzugleichen. Die britische Regierung kritisierte die ungenauen Äußerungen des französischen Außenministers:

> "No details were available of how the production and investment schemes would be operated, other than that the basis on which the authority would work is to ensure production is carried out at the points where it is most efficient, even though this will mean closing down of plants and mines, i.e. a policy of concentrating production at the most efficient point."[398]

Der Vertrag über die Gründung der Europäischen Gemeinschaft für Kohle und Stahl ging ins Detail, wenn er der Hohen Behörde das Recht zusprach, die vorherige Mitteilung von Einzelprogrammen zu verlangen, "um eine aufeinander abgestimmte Entwicklung der Investitionen zu begünstigen". Die Hohe Behörde konnte sogar über die Gewährung von Finanzmitteln die Investitionspolitik der Mitgliedsländer beeinflussen.[399] So war 1950 zweifelhaft, ob ein Investitionsvorhaben, wie der Plan des National Coal Board zur Modernisierung der britischen Kohleindustrie, von der Hohen Behörde akzeptiert werden würde. Der Parlamentsabgeordnete Maurice Edelman äußerte diese Befürchtung:

---

[397] Europa Archiv 11 (1950), S. 3091.

[398] DBPO 25, Notes of a meeting, 16.5.1950.

[399] So Artikel 54. Haußmann, Der Schuman-Plan, S. 213.

> "M. Monnet, the real deviser and formulator of the Plan, insisted that there must be a supra-national authority in control of the coal, iron and steel industries, able even to modify the national plans for those industries in the countries concerned."[400]

Die Hohe Behörde konnte ferner die staatliche Unterstützung für bestimmte Kohle- und Stahlregionen in Frage stellen,[401] denn nach dem EGKS-Vertrag war es dem Unternehmen verboten, "zur Durchführung dieses Programms andere als seine eigenen Mittel zu verwenden."[402] Zuwiderhandlungen wurden mit Geldbußen geahndet. Wegen der Verbindlichkeit der Entscheidungen der Hohen Behörde und der ihr zur Verfügung stehenden Sanktionsmaßnahmen hätte dieser Artikel des EGKS-Vertrages für die britische Montanindustrie eine Investitionskontrolle durch die Hohe Behörde bedeutet.

Ranieri behauptet, daß die Konkurrenzfähigkeit der britischen Stahlindustrie durch die Nichtteilnahme am Schuman-Plan beeinträchtigt wurde.[403] Er sieht für Großbritannien einen langfristigen wirtschaftlichen Nachteil darin, daß es nicht an den Modernisierungs- und Spezialisierungsprogrammen der Montanunion teilnehmen konnte. Sein Argument lautet: Die Sechser-Gemeinschaft würde von den "long-term advantages in terms of integration and specialization", profitieren, "that eventually the United Kingdom would find impossible to match".[404]

---

[400] Maurice Edelman, The Council of Europe, in: International Affairs 27 (1951), S. 27.

[401] Ranieri, Unlikely Union, S. 118.

[402] So Artikel 54. Haußmann, Der Schuman-Plan, S. 213.

[403] Ranieri, Unlikely Union, S. 113.

[404] Ranieri, Unlikely Union, S. 113.

Ranieris Behauptung einer verpaßten Modernisierung kann man jedoch partiell einschränken. Der Mechanisierungsgrad[405] der britischen Kohlenförderung war beispielsweise noch bis in die 60er Jahre in Europa führend (Vgl. Darstellung 16).

Darstellung 16: Mechanisierungsgrad der Kohlegewinnung in Großbritannien und Deutschland (Anteil der Förderung aus vollmechanischer Gewinnung an der Gesamtförderung)

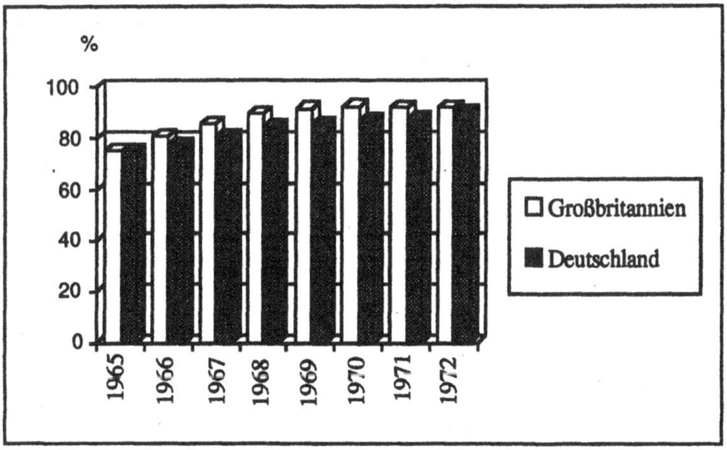

Quelle: Glückauf 109 (1973), S. 590. Eigene Umsetzung.

Darstellung 16 zeigt, daß die maschinell geförderte Steinkohlenmenge in Großbritannien höher lag als in Deutschland. In Großbritannien wurde bereits 1969 über 90% der gesamten Tiefbau-Förderung vollme-

405 Carl Hahn definiert die Förderungssteigerung, die von der Montanunion angestrebt wurde, weniger als eine Frage der Steigerung der Leistungsfähigkeit der Arbeiter durch Lohnerhöhungen, als die der Mechanisierung des Abbaus. Hahn, Schuman-Plan, S. 62/63.

chanisch gewonnen. Der deutsche Steinkohleabbau konnte erst im Laufe des Jahres 1972 die 90%-Grenze überschreiten. Der Grund: Seit 1954 wurde in Großbritannien konsequent der Anteil der mit Schreitausbau ausgerüsteten Streben vergrößert.[406]

Ranieris These wird auch durch die Tatsache eingeschränkt, daß die britische Stahlindustrie im Jahre 1953 ihre Ausbaupläne weiter fortsetzte. Ein zweiter Nachkriegsplan sah allein für das Jahr 1954 Ausgaben in Höhe von 60 Millionen englische Pfund für die verschiedenen Modernisierungs- und Ausrüstungsarbeiten vor.

Unter den wichtigsten Ausbauten verdienen die folgenden Erwähnung:

1. Der neue Hochofen (einer der größten in Westeuropa) und die neue Kokerei auf dem Shotton-Werk von John Summers & Sons. Die neue Koksofen- und Hochofenanlagen versorgten das Werk für eine Rohstahlerzeugung von 1 Millionen Tonnen im Jahr.
2. Neue Stahlwerke von Dorman, Long & Co. auf dem Lackenby-Werk.
3. Die neuen Hochöfen der Consett Iron Company und die neue Vorblock-Brammenstraße sowie die kontinuierliche Brammen- und Knüppelstraße. Für die Lieferung von Rohblockmengen wurde eine neue Duplexanlage (saurer Bessemer- und basischer Siemens-Martin-Stahl) in Betrieb genommen.
4. Der neue Hochofen von South-Durham in Cargo Fleet.
5. Der Ausbau des Scunthorpe-Werks von John Lysaght´s.
6. Die Ausbauarbeiten der Steel Company in Wales in Margam und Trostre.[407]

---

[406] Glückauf 109 (1973), S. 590.

[407] Stahl und Eisen 74 (1954), S. 923.

Als Ergebnis der Errichtung größerer und moderner Hochöfen und der besseren Betriebsleistung stieg die Erzeugung von basischem und Hämatitroheisen je Hochofen im Vergleich zum Jahre 1946 um 36%. Die Verbesserung im Falle der Stahlöfen machte 43% aus (Vgl. Darstellung 17). Weitere Produktionsverbesserungen konnten unter dem zweiten Aufbauplan erwartet werden.

Darstellung 17: Die jährliche Erzeugung je Werkseinheit in Großbritannien (in 1000 t)

	1946	1952	1953
Durchschnittserzeugung von basischem u. Hämatitroheisen je Hochofen	94,1	125,3	128
Durchschnittserzeugung von Rohstahl je Siemens-Martin-Ofen	37,4	51,2	53,4

Quelle: Stahl und Eisen 74 (1954), S. 924.

Zu den wichtigsten Investitionen in den 60er Jahren gehörten u. a. der Ausbau der Produktionsmöglichkeiten für Oxygen-Stahl und der Bau von Elektro-Stahlöfen mit größerem Fassungsvermögen zur Herstellung von legiertem und unlegierten Stahl. Außerdem wurden 1963 in den zahlreichen Unternehmen wie Richard Thomas & Baldwins Ltd., Colvilles Ltd., Guest Keen and Nettlefonds Steel Co. Ltd., Stewarts and Lloyds Ltd., Consett Iron Co., neue LD-Stahl-Werke (Linz-Donawitz-Stahl-Verfahren) in Betrieb genommen.[408] Das LD-Verfahren ist sowohl nach Arbeitseinsatz als auch nach Kapitaleinsatz das weitaus billigste Verfahren. Vorteile dieser Verfahren gegenüber dem SM-Verfahren (Siemens-Martin-Stahl-Verfahren) sind auch geringere Investitions- und Stahlumwandlungskosten.[409]

4.7 Wirtschaftliche Vor- und Nachteile einer Teilnahme am Schuman-Plan

Zusammenfassend läßt sich in diesem Kapitel folgendes sagen: Anfang der 50er Jahre unterschied sich die innere Struktur der britischen Montanindustrie erheblich von der des Kontinents. Die Vereinigung beider Basisindustrien erschien daher aus britischer Sicht unmöglich. Zudem wären die handelspolitischen Vorteile, die Großbritannien aus einer Teilnahme am Schuman-Plan hätte ziehen können, nur sehr beschränkt gewesen. Der europäische Kontinent war 1950 für die britische Stahlindustrie weder der entscheidende Absatzmarkt noch ein wichtiger Rohstofflieferant. Eine Erleichterung des intereuropäischen Handels hätte für Großbritannien keine weitreichenden kommerziellen Vorteile gebracht. Die handelspolitischen Präferenzen lagen in Übersee. Bereits auf frühere Integrationsvorschläge (z. B. Zollvereinigung) wandte das Bridges Committee im Januar 1949 ein:

---

408 Beckers, Struktur, S. 232.

409 Beckers, Struktur, S. 233.

> "On merits, there is no attraction for us in long-term economic cooperation with Europe. At best it will drain on our resources. At worst, it can seriously damage our economy ... ."[410]

Bis zum 31. Dezember 1951 arbeitete die Working Party des FG Committee an Studien über die wirtschaftlichen Auswirkungen für Großbritannien, die sich aus einer Teilnahme an dem Schuman-Plan und der EGKS ergeben würden. Eine britische Beteiligung am französischen Integrationsprojekt lehnte sie aus ökonomischen Gründen ab. Die Dauer ihres Einsatzes zeigt, wie sehr die wirtschaftlichen Faktoren in den britischen Überlegungen über eine Teilnahme am Schuman-Plan und der EGKS eine Rolle spielten.[411]

Nach Aussagen des Sekretariats des Permanent Under-Secretary´s Committee würde die Integration anderer europäischer Staaten auch keine Gefahren für die britische Wirtschaft bringen, denn "United Kingdom would be at least as likely to gain as to loose." Eine stärkere kontinentale Konkurrenz könnte sogar die ökonomische Effizienz der britischen Industrie steigern.[412]

Im Treasury Memorandum GEN 322 vom 11. Mai 1950 wurde dagegen darauf hingewiesen, daß eine Vereinigung der europäischen Kohle- und Stahlindustrie für Großbritannien eine gefährliche Konkurrenz be-

---

410 Zitiert nach: Dell, Schuman Plan, S. 70.
Die Stahlunternehmer glaubten, daß das Festhalten der Labour Party an der Nationalisierung der Industrie für die britische Haltung entscheidend gewesen sei. Ranieri, Magic Circle, S. 141 und Alan Bullock, Ernest Bevin, Foreign Secretary 1945-1951, London 1989, S. 781 ff. .

411 Report by a Working Party of Officials on the Treaty Constituting the European Coal and Steel Community, 31.12.1951, in: PRO/POWE 41/33.

412 DBPO 209, Memorandum for the Permanent Under-Secretary´s Committee, 13.2.1951.

deuten könne. Die Konzentration der europäischen Stahlproduktion erfolge "in the Ruhr-Saar-Luxemburg area, where the presence of more easily worked coal coupled with iron ore deposits and water transport might give an advantage in costs over the United Kingdom".[413] Britische Experten warnten vor einer "powerful, integrated group of European industries".[414] Auf die langfristige kompetitive Herausforderung der Gemeinschaft für die britische Industrie machte auch Staatssekretär Younger aufmerksam.[415]

Britische Ökonomen, wie Duncan Burn, sprachen indessen der Hohen Behörde die Fähigkeit ab, die Nachfrage nach Kohle und Stahl zu beeinflussen. Einige Briten gingen sogar so weit und wiesen auf eine mögliche Inkompetenz der Hohen Behörde hin: "... bad planning is worse than market forces."[416] Eine hohe Nachfrage, so Burn, "depends on the general level of economic activity"[417]. Die Wirtschaftsaktivität eines Landes werde wiederum durch die Regierung bestimmt. Die gleichen Zweifel an einer ausreichenden Einflußnahme der Hohen Behörde auf die Nachfrage am Markt hegte die International Socialist Conference of Europe´s Basic Industries, die vom 16. bis 18. Juni 1950 in London stattfand. Sie kam zum Schluß: "An authority confined to organising the basic industries alone cannot ensure the required expansion of demand."[418]

---

413 DBPO 18, Enclosure in No. 18.

414 DBPO 82, Enclosure zu Minute from Mr. Younger to Sir W. Strang, 2.6.1950.

415 DBPO 92, Minute from Mr. Younger to Sir W. Strang, 2.6.1950.

416 Zitiert nach: Lord, Absent, S, 46.

417 Zitiert nach: Dell, Schuman Plan, S. 183.

418 Zitiert nach: Dell, Schuman Plan, S. 213.

Die Briten waren in den 50er Jahren noch stark den Ideen des Ökonomen John Maynard Keynes verhaftet. "Keynesianism had become another excuse for insularity", stellt Dell fest.[419] Nach der Lehre von Keynes sollte der Staat bei einer Stagnation als Nachfrager auftreten. Nur erhöhte Ausgaben des Staates erschienen als Ausweg aus einer Nachfragekrise und der Arbeitslosigkeit.[420] Die Hohe Behörde hätte dagegen keine weitreichende Nachfragepolitik betreiben können. Der beschränkte Einfluß auf zwei - wenn auch wichtige - Wirtschaftssektoren hätte nicht ausgereicht, um die gesamte Nachfrage in einem Land stimulieren zu können. Am 26. Juni 1950 schrieb die Financial Times: "Neither of these two basic industries can be organised in isolation from the other sectors of the economy that they serve." Der Keynesianismus wurde als britische "Geheimwaffe" zur Bekämpfung der Arbeitslosigkeit gesehen, die man nicht mit den anderen europäischen Ländern teilen wollte.[421]

In diesem Kapitel wurde aufgezeigt, daß die wirtschaftlichen Faktoren tendenziell gegen eine britische Teilnahme am Schuman-Plan und der EGKS sprachen. Einerseits kann davon ausgegangen werden, daß die ökonomischen Nachteile, die sich zunächst aus einer britischen Mitgliedschaft ergeben hätten, den politischen Entscheidungsträgern teilweise bekannt waren und damit implizit ihre Haltung beeinflußt haben. Andererseits soll im nächsten Gliederungspunkt versucht werden, einen direkten

[419] Dell, Schuman Plan, S. 191.

[420] John Maynard Keynes, The General Theory of Employment, Interest and Money, Cambridge 1973, S. 220/221. Für einen aktuellen Bezug, siehe auch Neue Zürcher Zeitung vom 20./21. April 1996.

[421] Gegen dieses Argument schrieb David Eccles in einem Leserbrief an die Times vom 8.6.1950: "We now know that the only way to maintain a high level of employment in one free country is to maintain it in all free countries."

Einfluß der wirtschaftlichen Faktoren auf die Haltung der britischen Regierung zum Schuman-Plan und zur Europäischen Gemeinschaft für Kohle und Stahl explizit aufzuzeigen.

5. Anhaltspunkte für den Einfluß wirtschaftlicher Faktoren auf die Haltung der britischen Regierung

Der spätere britische Außenminister Herbert Morrison vertrat im Mai 1950 die Meinung, daß die französischen Vorschläge von einer ökonomischen Basis ausgingen, aber von politischer Tragweite seien.[422] Obwohl sich das Foreign Office der politischen Bedeutung des Schuman-Plans bewußt war, sah es vorwiegend die Verwirklichung auf der wirtschaftlichen Ebene. Aus der Sicht der britischen Regierung mußte die Frage einer Teilnahme am Schuman-Plan daher gerade auch unter wirtschaftlichen Aspekten geprüft werden. Der britische Politker Roger Makins betonte:

> "As far as His Majesty´s Government are concerned the question of pooling of resources of the European iron, steel and coal industry is one which they are fully prepared to discuss, but their approach is primarily economic and not political and constitutional."[423]

---

422 DBPO 3, Record of a Meeting, 10.5.1950. Er sagte, daß "the proposal might have been primarily economic in its origins, but it clearly had most important political implications".

423 Zitiert nach: Dell, Schuman Plan, S. 153. Auch der britische Ökonom Duncan Burn war der Meinung, daß der Schuman-Plan einen wirtschaftlichen Kern habe: "The hard core of the Schuman plan was an economic prescription. The efficiency of Europe´s coal and steel industries was to be increased, which would help to make Europe economically strong and independent." Burn, Steel Industry, S. 389.

Da die Labour-Regierung den Schuman-Plan primär als Wirtschaftsprojekt errachtete,[424] waren es nicht vordergründig hochkarätige Politiker,[425] sondern Beamte der wirtschafts- und finanzpolitischen Bereichsministerien, die - im engen Kontakt mit den Monopolistenverbänden und Gewerkschaftsführungen - die Verhandlungen mit Jean Monnet führten.[426] Die britische Haltung zum Schuman-Plan wurde also nicht nur von den Beamten des Foreign Office bestimmt. "The major decisions about the Schuman Plan were taken by the Economic Policy Committee," schreibt der britische Historiker Roger Bullen.[427] Premierminister Attlee wies darauf hin, daß die britische Regierung in ihrer Haltung zum Schuman-Plan vor allem die wirtschaftlichen Bedürfnisse des Landes berücksichtigen sollte:

> "I conclude with two points. In its attitude to a proposal of this kind His Majesty's Government must have in mind the basic economic needs and security of the country and the necessity of ensuring that the United Kingdom is in a position of discharge its responsibilites in every part of the world."[428]

---

[424] So auch Koppelmann, Labour Party, S. 62.

[425] Regierungsmitglieder wie Attlee und Stafford Cripps fuhren sogar in den Urlaub, und das vollständige Kabinett tagte nach dem 10. Mai kein einziges Mal mehr zu diesem Problem.

[426] In Übereinstimmung mit Kenneth Younger nennt Ulrich Sahm vier Personen: Edwin Plowden, Hauptplanungsbeauftragter und Vorsitzender der Wirtschaftsplanungsbehörde, Sir Edward Bridges, ständiger Unterstaatssekretär im Schatzamt, Sir William Strang, ständiger Unterstaatssekretär im Außenministerium und Sir Roger Markins, stellvertretender Unterstaatssekretär für Wirtschaftsangelegenheiten im Außenministerium. Vgl. Ulrich Sahm, Britain and Europe 1950, in: International Affairs 43 (1967), S. 20.

[427] Bullen, Government, S. 199.

[428] HC Debates, 3.6.1950, Sp. 37.

Für die Labour-Regierung stand fest: "... we should not become involved in Europe in the economic sphere, beyond the point of no return."[429] Der Kabinettsentschluß vom 2. Juni 1950 begründete daher die britische Absage an den Schuman-Plan mit dem Verweis auf die unsicheren Auswirkungen einer Mitgliedschaft auf den Außenhandel und den Beschäftigungsgrad:

> "No British Government could be expected to accept such a commitment without having had any opportunity to assess the consequences which it might involve for our key industries, our export trades and our level of employment."[430]

Das britische Regierungskabinett sah außerdem die "special relationship" mit dem Commonwealth gefährdet, wenn Großbritannien an einem gemeinsamen Markt mit den Sechs teilnehmen würde. Es war sich der wirtschaftlichen Bedeutung des Commonwealth für Großbritannien bewußt und bezeichnete ihn als den "cardinal point" der britischen Handelspolitik.[431]

Die britischen Bergarbeiter befürchteten, daß die Hohe Behörde aus Gründen der Produktionssteigerung ineffiziente Kohlegruben schließen würde.[432] C. H. R. Hodgson vom National Coal Board sprach sich am 3. Juni 1950 eindeutig gegen den Dirigismus einer übernationalen Behörde aus. Er war "opposed to any arragement which gave an international authority power to issue directions on the management of the United

---

[429] DBPO 75, Minute from Sir W. Strang to Mr. Younger, 2.6.1950.

[430] DBPO 78, Conclusions of a Meeting of the Cabinet, 2.6.1950.

[431] DBPO 363, Gordon Walker to Commonwealth Governments, 30.8.1951.

[432] Darauf wurde von Arthur Street hingewiesen. Coal vom August 1950, S. 14.

Kingdom coal industry (e.g., that a certain pit or area should be closed down) capable of affecting the balance of the whole industry."[433] Angesichts der bevorstehenden Neuwahlen hatte die ablehnende Haltung der Gewerkschaften zweifellos ein besonderes Gewicht bei der endgültigen Fassung der Position der Labour Party zum Schuman-Plan. Herbert Morrison, der den kranken Bevin im Juni 1950 vertrat, begründete seine negative Haltung zu den Schuman-Plan-Prinzipien dann schließlich damit, daß "... the Durham miners won´t wear it".[434].

Auch der spätere Außenminister der Konservativen, Anthony Eden, lehnte eine britische Teilnahme an der Europäischen Gemeinschaft für Kohle und Stahl aus wirtschaftlichen Gründen ab. Er befürchtete einen Eingriff in die nationalen Wirtschaftspläne: "... we shall be most unwilling to enter into any commitments towards the Community which would give the latter the right to interfere in our own coal and steel plans."[435]

Der "Economist" resümiert treffend, daß die britische Absage an den Schuman-Plan und die EGKS eine politische Entscheidung war, die aber die ökonomischen Probleme einer britischen Mitgliedschaft zu berücksichtigen habe:

---

433 Zitiert nach: Wurm, Political Parties, S. 745.

434 Zitiert nach: Wurm, Großbritannien, S. 85.

435 DBPO 488, Mr. Eden to H. M. Representatives Overseas vom 3.9.1952.

"On the British side, the ultimate decisions are obviously political. But presumably the British steel and coal industries are studying what would be involved in close links with the Community through a treaty. Apart from questions of sovereignty, the practical problems that arise in coal and steel are primarily commercial."[436]

In diesem Kapitel wurde aufgezeigt, daß die wirtschaftlichen Faktoren einen nicht zu unterschätzenden Einfluß auf die Haltung der britischen Regierung hatten. Dabei war die Ausweitung des Untersuchungszeitraums bis 1954 für eine umfassende Analyse der wirtschaftlichen Faktoren vorteilhaft. Dies kam nicht nur der Bearbeitung der britischen Haltung zum Schuman-Plan zugute, sondern auch der Untersuchung des Einflusses der britischen Wirtschaft auf das Assoziierungsabkommen vom Dezember 1954.

6. Der Assoziierungsvertrag vom 21. Dezember 1954

6.1 Der Weg zur Assoziierung

Obwohl die Briten eine Teilnahme am Schuman-Plan ablehnten, suchte die Londoner Regierung engere Beziehungen zur Sechsergemeinschaft, um nicht gänzlich von der kontinentalen Entwicklung abgekoppelt zu sein.[437] Die Idee einer britischen Assoziierung an die Europäische Ge-

---

436 The Economist vom 31.1.1953, S. 332. Hervorhebung durch die Verfasserin.

437 Vgl. zur britischen Haltung gegenüber dem Kontinent Donald C. Watt, Großbritan-

meinschaft für Kohle und Stahl, als dritter Weg zwischen Mitgliedschaft und Abstinenz, brachte aber erstmals der französische Außenminister Robert Schuman am 19. Mai 1950[438] in die Diskussion.[439]

Ranieri behauptet, daß es trotz der alten politischen Befürchtungen längerfristige wirtschaftliche Erwägungen waren,[440] die das Interesse der britischen Regierung an einer Assoziierung[441] ("some kind of friendly association with the Community", aber ohne irgendwelche Zugeständnisse)[442] erweckten. Der britische Beamte Duncan Wilson sah das anders. Am 30. April 1951 konstantierte er: "Assuming however that economic arguments proved to be little weight or chancelled themselves out, there are certain general political considerations which might determine our action in relation to the Schuman Plan."[443] Sollte sich herausstellen, daß eine Assoziierung für Großbritannien keine wirtschaftlichen Vorteile erbrächte, würden politische Erwägungen das britische Verhalten steuern. 1954 verwirklichte sich seine Prognose.

---

nien und Europa 1951-1959. Die Jahre konservativer Regierung, in: Vierteljahrshefte für Zeitgeschichte 28 (1980), S. 389-409.

438 Dell, Schuman Plan, S. 132.

439 Monnet bezeichnete Schumans Angebot als unklug. Die Erfahrung habe ihn gelehrt, daß man den Briten keine besonderen Bedingungen zugestehen sollte. Monnet, Mémoires, Paris 1988, S. 453.

440 Ranieri, Unlikely Union, S. 114 und Ranieri, Magic Circle, S. 146.
Makins aus dem Foreign Office wollte wissen, wie diese "non-committal association" aussehen sollte und stellte eine Assoziierung auf rein wirtschaftlicher Basis in Frage. DBPO 278, Memorandum by Mr. Wilson, 30.5.1951, Fußnote 3.

441 Im allgemeinen Völkerrecht bezeichnet man als Assoziation "einen Sonderstatus in internationalen Organisationen, der zur beschränkten Teilnahme an den Institutionen und an den Rechten und Pflichten führt und der Vollmitgliedschaft in der Regel vorausgeht." Albert Bleckmann, Europarecht. Das Recht der europäischen Wirtschaftsgemeinschaft, Köln u. a. 1980, S. 255.

442 DBPO 334, Minutes of a meeting of the Economic Steering Committee, 9.7.1951.

443 DBPO 278, Memorandum by Mr. Wilson, 30.4.1951.

Außenminister Bevin wollte anfangs nur über ein "industrial agreement" verhandeln. Dieses Abkommen "would allow the two systems to operate and if possible to be complementary".[444] Jean Monnet wollte aber kein einfaches Handelsabkommen. Unter dem Begriff "Assoziierung" verstand er nicht "a commercial agreement or an allotment of overseas markets, but a common action, reponsibilities, rights and obligations shared on equal footing".[445] Die Assoziierung Großbritanniens sollte formell durch einen Vertrag geregelt werden. Bevin war aber der Meinung, die Unsicherheit über die endgültige Form der Vereinigung verbiete es im Moment, eine derartig weitreichende Entscheidung zu treffen. Staatsminister Kenneth Younger wollte die Assoziierungsverhandlungen erst vorantreiben, wenn der EGKS-Vertrag von allen Staaten ratifiziert worden war: "There can be no question of formal discussion on the possible association of the United Kingdom with the Schuman Plan organizations until the Treaty is ratified."[446]

Nach dem Wahlsieg der Konservativen im Oktober 1951 bestätigte der neue Außenminister Anthony Eden die Assoziierungsbemühungen seiner Amtsvorgänger Morrison und Bevin. Damit enttäuschte er die Hoffnungen des Kontinents - und auch einiger Konservativer -, daß die neue Regierung einen "more positive approach" einschlagen würde.[447] Zu Beginn seiner Amtszeit legte das Foreign Office ein Strategiepapier vor, in dem die alte Haltung der Labour-Regierung gegenüber der europäi-

---

444 DBPO 161, Extract from a despatch from Mr. Bevin to Mr. Hayter über seine Unterredung mit Réne Massigli, französischer Botschafter in London, 31.8.1950.

445 Zitiert nach: The Economist vom 31.1.1953, S. 330.

446 HC Debates, 24.4.1951, Sp. 49-50.

447 Young, Association, S. 111.

schen Integration wiederholt wurde. Trotz der engen Bindungen an das Commonwealth - Ranieri schien die britische Angst vor einem Verlust der überseeischen Handelsverbindungen unbegründet[448] - habe die neue Regierung den Willen "to be closely associated with their work, short of actual membership"[449]. Am 23. November 1951 entschloß sich die britische Regierung daher, eine ständige Delegation an den Sitz der Hohen Behörde zu entsenden, damit ununterbrochener Kontakt mit der neuen Gemeinschaft hergestellt werde. Nach Errichtung der Hohen Behörde am 10. August 1952 wurde in London eine Kommuniqué veröffentlicht. Dieses übertrug der britischen Delegation die Aufgabe, "den Grundstein für eine enge dauerhafte Assoziierung der Gemeinschaft mit dem Vereinigten Königreich herzustellen".[450] Lord vertritt - wohl zu Recht - die Meinung, daß eine Assoziierung Großbritanniens an die Gemeinschaft kein erster Schritt zur Vollmitgliedschaft sein sollte, sondern ausschließlich dazu diente, den britischen Einfluß auf die europäische Integrationsbewegung zu bewahren.[451] Als Beispiel für die vom Foreign Office angestrebte Assoziierung nennt er die Beziehung zwischen den USA und der OEEC.[452]

Young teilt den britischen Weg zu einer Assoziierung an die EGKS in drei Phasen ein: Die erste Phase beginnt mit Schumans Idee einer Assoziierung und endet mit der Einsetzung der Hohen Behörde im August

---

448 Ranieri, Magic Circle, S. 146.

449 DBPO 392, Brief for the Secretary of State, 31.10.1951.
So auch das PUSC: "Owing to her position as world Power, the United Kingdom cannot join the integration movement. But she can and should associate herself with it in a friendly fashion." DBPO 414, Memorandum by the Permanent Under-Secretary's Committee, 12.12.1951.

450 Zitiert nach: Grote, Die Eisen und Stahlindustrie, Anm. 193, S. 349.

451 Lord, Absent, S. 137.

452 Lord, Absent, S. 141.

1952; der zweite Abschnitt umfaßt den Gedankenaustausch über eine mögliche Form der Assoziierung und reicht bis zum Dezember 1953; die dritte Phase endet mit dem Abschluß eines "Agreement of Association" im Dezember 1954.[453]

Die konservative Regierung hatte früh erkannt, daß die Beziehungen zu der Hohen Behörde eine politische und eine wirtschaftliche Dimension hatten. Aus diesem Grunde wurde auch ein neues Beratungsorgan, das Schuman Plan Committee (SPC), mit Vertretern aus dem Foreign Office, dem Treasury, dem Board of Trade und den Ministries of Fuel and Power, Supply und Labour gegründet.[454] Im September 1952 fuhr eine Delegation - u. a. mit Vertretern aus der britischen Kohle- und Stahlindustrie - unter der Leitung von Cecil Weir zu Verhandlungen mit Monnet nach Luxemburg. Die Verhandlungsstrategie der Briten sah vor: "... association should be studied over time rather than defined quickly".[455] Monnets Vorschläge über eine permanente Kooperation mit "common rules" und dem Austausch von Informationen konnten an der abwartenden "wait and see"-Haltung der Briten nichts ändern. Diese waren ganz dem "empirical approach" verhaftet.[456] Danach wollten die britischen Repräsentanten keine weitreichenden Verpflichtungen eingehen, bevor sie nicht wußten, wie die EGKS arbeitete. Auf Drängen der Hohen Behörde kam es

453 Young, Association, S. 106.

454 Im Mai 1950 war bereits von der Labour Party ein Franco-German Committee eingesetzt worden.

455 Young, Association, S. 118.

456 Young, Association, S. 119. Auch Lord weist auf eine unterschiedliche Verhandlungsstrategie der Franzosen und Briten hin. Das Scheitern der Verhandlungen von Mai und Juni 1950 hätte die Differenz zwischen dem französischen Cartesianismus und dem britischen Empirismus offengelegt. Während die Franzosen die Zustimmung zu fundamentalen Prinzipien als Diskussionsbasis verlangten, waren die Briten an einer Klärung von Details interessiert, bevor sie Verhandlungen zustimmten. Lord, Absent, S. 25.

im Mai 1953 zu weiteren Verhandlungen. Die Briten wandten sich erneut gegen eine volle Mitgliedschaft. Großbritannien sei nur zu einem "general assent, co-operation and encouragement to the [European] movement" bereit, sagte Lord Reading im House of Lords.[457]

Am 22. Juli 1953 veröffentlichte die SPC Working Party einen Report. Darin hieß es, daß Großbritannien die wachsende Macht der EGKS nicht weiter ignorieren könne. Sie formiere einen "economic bloc", dessen "gradual growth might be diametral ... to the economic interests of the United Kingdom" und "creates a presumption in favour of coming to terms with it".[458] Gleichzeitig hob sie aber hervor, daß Monnet mehr als ein reines Handelsabkommen (commercial agreement) wolle: "... he would only be satisfied with a treaty of fixed duration and arrangements on such issues as prices, supplies and tariffs."[459]

Ende 1953 drängte Monnet erneut auf Verhandlungen über eine formelle Assoziierung mit Großbritannien.[460] In einem Schreiben vom 24. Dezember an den Leiter der englischen Delegation bei der Hohen Behörde, Sir Cecil Weir, schlug Monnet vor: 1. eine Assoziierung der Märkte auf Grund der Verminderung, möglichst der völligen Aufhebung der gegenseitigen Zölle und quantitativen Handelsbeschränkungen; 2. ein gemeinsames Aktionsprogramm (une procedure d´action commune). Dieses sollte vom gegenseitigen Informationsaustausch bis zur gemeinsamen Abstimmung von wirtschaftlichen Entscheidungen reichen, die für beide

---

[457] Zitiert nach: Young, Association, S. 121.

[458] Zitiert nach: Young, Association, S. 122.

[459] Zitiert nach: Young, Association, S. 121.

[460] Monnet wollte den britischen Delegierten in Luxemburg, Cecil Weir, für seinen Assoziierungsplan gewinnen, indem er ihm 20 Stimmen von französischen Assemblée-Abgeordneten zugunsten des Plans einer Europäischen Verteidigungsgemeinschaft versprach.

Märkte galten; 3. die Einsetzung gemischter Kommissionen, die über das Funktionieren und die Fortentwicklung des Systems wachen sollten. Monnet schlug außerdem die Einsetzung eines Assoziierungsrates (conseil d'association) vor, der aus drei Mitgliedern der Hohen Behörde und aus drei Mitgliedern der britischen Regierung bestehen sollte.[461] Ranieri bewertet Monnets Vorschlag als "shaky architecture of his grand European design".[462]

Das Foreign Office wollte Monnets Vorschläge erst einmal überdenken.[463] Am 18. Januar 1954 zirkulierte ein Kabinettspapier. Darin wurden die politischen und wirtschaftlichen Gründe für eine Assoziierung Großbritanniens an die EGKS genannt. Politisch wollte das britische Außenministerium die europäische Integration fördern, um Deutschland in Europa einzubetten und die westliche Allianz gegen den Kommunismus zu stärken. Die Annahme, daß eine Montanunion "could create a unit of great economic power" machte eine Assoziierung zu einem gewissen Grade auch wirtschaftlich attraktiv. Das Kabinett war sich aber noch unklar über die Haltung des Commonwealth und der britischen Industrie. Erst 3 Monate später, am 3. April 1954, wurden die Ergebnisse einer Befragung des Commonwealth und der britischen Industrie im Kabinett vorgestellt.[464] "The Commonwealth views were not a serious problem",

---

461 Grote, Die Eisen- und Stahlindustrie, Anm. 193, S. 350.

462 Ranieri, Magic Circle, S. 145.

463 Young, Association, S. 123.

464 Ranieri schreibt dazu: "The consultations meant that the steel industry would be, for the first time, asked to give its reasoned opinion on the matter of Europe, and that such an opinion was likely to affect the final decision of the government." Ranieri, Magic Circle, S. 146. Das britische Kabinett hatte sich aber anscheinend schon im März 1952 - im Vorfeld zu den Verhandlungen mit der Hohen Behörde - zu Konsultationen mit der britischen Kohle- und Stahlindustrie entschlossen, um mögliche Auswirkungen zu erfahren, die eine Assoziierung Großbritanniens and die EGKS haben könnte. Vgl. DBPO 440, Joint Memorandum by the Minister of Supply and the Minister of Fuel and Power, 21.3.1952.

schreibt Young.[465] Die Commonwealth-Länder hegten zwar einige Befürchtungen bezüglich einer Abschwächung des Handels mit Großbritannien. Kanada und Neuseeland befürworteten aber trotzdem eine Kooperation zwischen Großbritannien und der Schuman-Gemeinschaft aus politischen Gründen. Im Gegensatz zu den Außenbeziehungen seien die "domestic interests more troublesome" gewesen, analysiert Young.[466] Vor allem die Stahlindustrie lehnte eine Assoziierung an die Gemeinschaft ab, denn "... a form of 'association' between Britain and the Community poses essentially the same question as that posed in 1950 by the invitation to take part in the Community´s establishment."[467] Nur in Krisenzeiten befürwortete die Stahlindustrie Absprachen in Zoll-, Preis- und Investitionsfragen, unter der Bedingung, daß "the community might similarly recognise the U.K.´s right to resort to special measures in certain circumstances".[468].

Diese Ablehnung der Stahlindustrie, ein Assoziierungsabkommen einzugehen, erscheint zunächst überraschend, nicht zuletzt deshalb, weil die BISF noch im Juni 1950 eine Assoziierung der britischen Stahlindu-

---

465 Young, British Association, S. 123.

466 Young, British Association, S. 123.

467 Monthly Statistical Bulletin 29 (März 1954), S. 6.

468 Mit "certain circumstances" sind wohl Notstandssituationen in Zeiten von Kriegen, Rohstoffverknappung, etc. gemeint. In ihrer Stellungnahme bezieht sich die Financial Times vom 2.4.1954 auf einen Artikel der BISF im Monthly Statistical Bulletin 29 (März 1954). Die Zeitung berichtet, daß die BISF in einem Artikel des Monthly Statistical Bulletins (Titel: Britain and the E.C.S.C.) eine Assoziierung an die Gemeinschaft ablehnte, denn "it would create the impression that Britain was prepared to go forward in with the programme of a progressive surrender of national sovereignty on which the six continental nations belonging to the Coal and Steel have embarked." Aus diesem Grunde sah sie für die britische Regierung nur zwei Möglichkeiten: "The common rules whole or not at all." Die Aussagen des Economist vom 3.4.1954, S. 49 beruhen ebenfalls auf dem bereits erwähnten Artikel.

strie an die spätere Montanunion für möglich hielt. Der Grund dafür war eine Prognose der Economic Commission for Europe (ECE). Diese hatte im Dezember 1949 eine Studie veröffentlicht, in der sie für die nächsten Jahre ein Überangebot von 8 Millionen Tonnen Stahl voraussah. Die britischen Stahlproduzenten befürchteten daher eine Gefährdung ihres Exportmarktes durch Preisunterbietungen[469] und befürworteten ein konkurrenzmilderndes Abkommen mit der zukünftigen EGKS. Aber auch die Angst vor der bevorstehenden Nationalisierung hatte den britischen Stahlproduzenten eine Assoziierung zunächst vorteilhaft errscheinen lassen können. Über eine Beteiligung am Schuman-Plan wären ihnen möglicherweise Kompetenzen erhalten geblieben, die sie im Zuge der Nationalisierung verloren hätten.[470]

Die Haltung der britischen Stahlindustrie zu einer Assoziierung änderte sich mit den ökomomischen Verhältnissen: Durch den Korea-Krieg stieg die Nachfrage nach Stahl, und die Prognosen der ECE realisierten sich nicht. Duncan Burn beschreibt die veränderte Situation folgendermaßen: " ... Korea had swept away the spectre of surplus steel and the immediate risk of a restrictive cartel."[471] Somit sank das Bedürfnis Großbritanniens nach Absprachen in der Preispolitik mit den kontinentaleuropäischen Staaten. Hinzu kam, daß das Iron and Steel Act von 1953 die Reprivatisierung der britischen Stahlindustrie einleitete und damit auch der Anreiz einer Assoziierung zur Wahrung von Kompetenzen in der Industrie wegfiel. Die britische Stahlindustrie verfolgte wieder ihre protektionistische Politik und schirmte ihre Märkte durch erhöhte Ein-

---

469 DBPO 109, Annex I.

470 Vgl. dazu Wurm, Großbritannien, S. 86.

471 Burn, Steel Industry, S. 466.

fuhrzölle vor der Stahlprodukten des Kontinents ab.[472] Auch die Kohleindustrie und die National Union of Mineworkers[473] standen einer Assoziierung "even on the limited terms suggested by the SPC" zurückhaltend gegenüber.[474] Ihre Meinung änderte sich auch nicht im Laufe der Zeit, denn im Gegensatz zur Stahlindustrie war die Kohleindustrie nicht überwiegend exportorientiert. Die "Times" wies darauf hin, daß das Coal Board (die oberste Planungsbehörde der Kohleindustrie) die Aufgabe habe, die Industrie im nationalen Interesse zu leiten. Wie aber könne das Coal Board diese Aufgabe erfüllen, wenn die britische Kohleindustrie mit einer übernationalen Behörde assoziiert wäre, die zur Aufgabe habe, die Preispolitik und Investitionspolitik zu kontrollieren? Eine der ersten Konsequenzen der Assoziierung sei wohl das Ende des britischen Doppelpreissystems für Kohle und Stahl, das einen wichtigen Zusatzerlös aus dem Exportgeschäft garantierte.[475]

Das British Iron and Steel Board warf dem Assoziierungsvorhaben nicht nur fehlenden Realismus vor, sondern betonte auch, daß sich die britischen Handelsbeziehungen erheblich von denjenigen des Kontinents unterscheiden. Die Verwirklichung einer Assoziierung an den gemeinsamen Stahlmarkt schien also wegen der Opposition aus der Eisen- und Stahlindustrie nicht möglich. Sir Archibald Forbes, Repräsentant der Kohle- und Stahlindustrie, erkannte diese Tatsache: "We believe that from

---

472 Duncan Burn spricht in diesem Zusammenhang von einer "double-barrelled defence". Burn, Steel Industry, S. 468.

473 Im Schuman-Plan sahen sie eine Gefahr für das hohe britische Lohnniveau und die sozialen Errungenschaften.

474 Zitiert nach: Young, British Association, S. 124.

475 Vgl. Keesing´s Archiv der Gegenwart, XXIV. Jahrgang, Essen, Wien und Zürich 1954, S. 4508.

a purely economic point of view, the judgement must be against association with the common market."[476] Der "Economist" wies darauf hin, "that the two industries concerned should not be used in a manoeuvre to blur the fact that this is a major political decision".[477] Das britische Foreign Office entschied sich dafür, die Assoziierungsverhandlungen aus politischen Gründen weiterzuführen.

6.2 Das Assoziierungsabkommen: Inhalt und Bedeutung

Am 21. Dezember 1954 wurde das Assoziierungsabkommen in London unterzeichnet.[478] Es sah die Bildung eines ständigen Assoziationsrates vor, der den Informationsaustausch und Konsultationen über zusätzliche Beschränkungen für den Warenverkehr, Preisregelungen, Produktion, technische Entwicklungen und Investitionspläne fördern sollte. Er hatte keinerlei Macht zur Koordinierung von Maßnahmen.[479] Monnet zeigte sich vom Ergebnis enttäuscht: Er hatte nicht das Abkommen erreicht, das er sich gewünscht hatte. "That would have been a far more cut and dried agreement," kommentierte Monnet.[480] Der Economist bezeichnet das Abkommen als ein "treaty of association, not of participation".

---

[476] Zitiert nach: Ranieri, Magic Circle, S. 150.

[477] The Economist vom 3.4.1954, S. 49.

[478] Im Februar 1955 wurde der Vertrag vom House of Commons gebilligt und trat im September 1955 in Kraft. Diebold, The Schuman Plan, S. 502 und 503.

[479] Das Assoziierungsabkommen ist abgedruckt in: Keesing's Archiv der Gegenwart, XXIV. Jahrgang, Essen, Wien. Zürich 1954, S. 4920-4922.

[480] Zitiert nach: The Iron and Coal Trades Review 169 (1954), S. 1530.

Der Assoziierungsvertrag sei ein simples "agreement to talk".[481] Für Lord war die Assoziierung an die EGKS keine Lösung für das britische Dilemma in der Europapolitk: "... an unworked out half way house between membership and exclusion that served to postpone choices under the guise of solving them."[482] Young bewertet das Abkommen als "limited in content"[483]. Schuld daran sei nicht das Foreign Office, sondern eine innere Opposition gewesen. Es waren die britische Kohle- und Stahlindustrie, die Gewerkschaften und einige Abgeordnete wie Richard A. Buttler, die in einer engeren Assoziierung eine Bedrohung für die nationalen Interessen sahen. Danach hätte die britische Stahlindustrie ihren Schutz vor der Konkurrenz aus der Schuman-Gemeinschaft verloren.[484] Einige Beamten des Whitehall wollten dagegen - so wiederum Young - eine "radical policy towards the Six".[485] So schrieb beispielsweise Macmillan:

> "If, therefore Britain is to enjoy the advantages of a United Europe without suffering its disadvantages, she must herself be a party of it. ... Such a development would have positive economic advantages. ... It would also have political advantages. Britain ... could co-operate with the United States on more equal terms."[486]

---

481 The Economist vom 14.5.1955, S. 547.

482 Lord, Absent, S. 165.

483 Young, Association, S. 130.

484 Ranieri, Magic Circle, S. 136.

485 Young, Association, S. 130.

486 DBPO 424, Note by the Minister of Housing and Local Government, 16.1.1952.

Eine Mitgliedschaft sei aber von der Industrie verhindert worden. Ranieri kritisiert die Regierung, nicht eigenständig gehandelt zu haben und zu einer "hostage to the BISF's view" geworden zu sein.[487] Dem Assoziierungsvertrag fehlte ein "definite economic or commercial content", kritisiert Haas, und habe somit eine frühe Einbindung Großbritanniens in den europäischen Markt verhindert.[488]

Im Laufe der Assoziierungsverhandlungen hatte sich die Gewichtung der britischen Beweggründe zu einer Angliederung verlagert. Standen anfangs die wirtschaftlichen Erwägungen der politischen Entscheidungsträger im Vordergrund, wurde der Fortlauf der Verhandlungen, vor allem nach der ablehnenden Haltung der britischen Kohle- und Stahlindustrie, von politischen Motiven geleitet. Der Abschluß eines Assoziierungsabkommens sollte von nun an in erster Linie ein symbolischer Akt[489] für ein politisches Bekenntnis zu Europa sein, "designed to prove the Government's interest in the future integration of Europe and its willingness to co-operate in some measure."[490] Es waren daher prima facie politische Gründe, die für eine britische Assoziierung an die Gemeinschaft sprachen.[491] Alan S. Milward stellte treffend fest:

---

487 Ranieri, Magic Circle, S. 153.

488 Haas, Uniting, S. 210.

489 William Ashworth, The History of the British Coal Industry. 1946-82: The Nationalized Industry, Band 5, Oxford 1986, S. 219.

490 The Iron and Coal Trades Review (ICTR) vom 31.12.1954. ICTR 169 (1954), S. 1530. Die ICTR war gegen eine Verpfändung der britischen Kohlen- und Stahlindustrie für politische (europäische) Zwecke: "The coal and steel industries have long been pawns in domestic politics. It is to be hoped that they are not now to enter a period of being used as pawns in the international sphere."

491 Bereits im Mai 1950 hatte das "Interim Report by Officials" politische Gründe gennant, "why the United Kingdom should encourage and keep in close touch with the new development". DBPO 31, Annex A.

> "There thus opened up a fundamental divide between the apparent political advantages to Britain of membership of a western European customs union and the apparent economic disadvantages, a divide which was to dominate the formulation of British policy towards the common market for the next thirty years and which perhaps still dominates it."[492]

Der britische Unterhändler Duncan Sandys stellte das Abkommen als einen Beweis für das britische Engagement in Europa dar: "This agreement affords further evidence of Britian´s determination, at all times, to play her part in promoting the unity and prosperity of Europe and, by so doing, to contribute to the strength and peace of the free world."[493]

7. Schlußbetrachtung

In dem vorliegenden Buch wurde aufgezeigt, daß nicht nur politische, sondern auch wirtschaftliche Faktoren in der britischen Haltung zum Schuman-Plan und zur Europäischen Gemeinschaft für Kohle und Stahl eine Rolle gespielt haben.

Vor dem Hintergrund der im Vergleich zum Kontinent noch weitaus stärkeren Wirtschaftsmacht, niedrigerer Kohle- und Stahlpreise, gewichtiger nationaler Strukturunterschiede zu der kontinentaleuropäischen Basisindustrie sowie der stark ausgeprägten Handelsbeziehungen mit dem

---

[492] Milward, Reconstruction, S. 236.

[493] Zitiert nach: The Times vom 22.12.1954.

Commonwealth erscheint die britische Absage an den Schuman-Plan Anfang der 50er Jahre verständlich.[494] Bereits im Oktober 1949 definierten Bevin und Cripps die Stellung Großbritanniens in der Welt: "Our relations with those areas take the priority over our relations with Europe and for that reason alone there is a limit to the part we can play in 'European Union'."[495] Die Untersuchung zeigt, daß Großbritannien das einzige europäische Land war, das wirtschaftlich durch eine Beteiligung am Schuman-Plan etwas zu verlieren hatte.[496]

1950 bildete Europa für Großbritannien noch nicht das Zentrum britischer Wirtschaftsinteressen. Das Vereinigte Königreich war im hohen Maße auf das ehemalige Kolonialreich fixiert, so daß man damals sogar von einem britischen "Sonderweg" in der Außenwirtschaft[497] sprechen konnte. Erst in den 60er Jahren - mit dem Beginn der Beitrittsverhandlungen zur Europäischen Gemeinschaft (EG)[498] - erfolgte ein radikaler

---

494 Andreas Wirsching sieht das anders: Man habe bereits 1950 potentielle Nachteile erkannt, etwa für die heimische Stahlindustrie oder die Kohleexporte, die sich aus einer Nichtteilnahme am Schuman-Plan ergeben würden." Wirsching, Europapolitik, S. 222/223. Offensichtlich analysiert Wirsching die damalige Entscheidung Großbritanniens mit den weitreichenden Kenntnissen eines späteren Beobachters. Sollte ein Historiker nicht versuchen, sich in die Verhältnisse vergangener Zeiten zurückzuversetzten und das Wissen um spätere Entwicklungen zunächst beiseitelegen? Hätte Wirsching das getan, wäre er zu einem anderen Ergebnis gekommen, denn die wirtschaftlichen Faktoren sprachen 1950 eindeutig gegen eine Teilnahme Großbritanniens am Schuman-Plan.

495 Zitiert nach: Scott Newton, The Sterling Crisis and British Policy towards European Integration, in: Review of International Studies 11 (1985), S. 178.

496 Zu der Kluft zwischen kurzfristigen und langfristigen Wirkungen meint der Ökonom Manfred Neumann: "Was langfristig Wohlstandsgewinne verspricht, verursacht in der Regel kurzfristig Kosten, die um so höher sind, je eiliger man es hat." Manfred Neumann, Wirklich so notwendig? Argumente gegen die Europäische Währungsunion, in: Internationale Politik 6 (1996), S. 25.

497 Harm G. Schröter, Sonderweg und (un)aufhaltsame Hinwendung zu Europa: Zur Entwicklung der britischen Außenwirtschaftsstrukturen im 20. Jahrhundert, in: Clemens A. Wurm (Hrsg.), Wege nach Europa, S. 155.

498 Großbritannien wurde erst am 1. Januar 1973 rechtskräftiges Mitglied der Europäischen Gemeinschaft. Vgl. dazu Angelika Volle, Großbritannien und der europäische Einigungsprozeß (Arbeitspapiere zur Internationalen Politik 51), Bonn 1989, S. 22.

Bruch in den außenwirtschaftlichen Beziehungen Großbritanniens zu den Commonwealth-Staaten. Der britische Außenhandel, der sich seit Beginn des Jahrhunderts mit dem Empire in die außereuropäischen Gebiete verlagert hatte, begann sich nun wieder zu reorientieren. Der Handelsaustausch mit Europa nahm langsam wieder zu.[499]

In der Literatur werden Vermutungen darüber angestellt, daß die Chance für ein britisches Umdenken (Reorientierung) bereits viel früher möglich gewesen sei. Die Sterling-Krise von 1949 wird nicht unbegründetermaßen als ein wichtiges Warnzeichen hinsichtlich der auch negativen Auswirkungen intensiver Wirtschaftsbeziehungen mit dem Commonwealth gesehen. Dieses Fanal einer Währungskrise wurde von der britischen Regierung aber nicht als Anlaß genommen, die wirtschaftliche Ausrichtung Großbritanniens nach Europa umzulenken.[500]

Gegen die These eines britischen Versäumnisses ist indessen einzuwenden, daß auch das europäische Währungssystem seit jeher an Währungskrisen leidet. Europäische Währungsturbulenzen reichen von Anfang der 70er Jahre - nach dem weitgehenden Zusammenbruch des Bretton-Woods-Systems - bis in die Mitte der 90er Jahre. Die starke Interdependenz der europäischen Währungen und Wirtschaften sowie die Abhängigkeit von den Schwankungen des Dollars verstärken noch die wirtschaftliche Unsicherheit. Eine stabile einheitliche Währung in Europa (z. B. in Form des Euro) könnte nur erfolgreich sein, wenn die nationalen Wirtschaftspolitiken in Europa kongruent sind, und dieses Ziel ist schwer zu erreichen. Jeder Staat benutzte bisher die Auf- oder Abwertung der

---

499 Die handelspolitischen Beziehungen zum Commonwealth spielen heute nur noch eine geringe Rolle. Ca. 50% des britischen Außenhandels werden mit der EG abgewickelt. Wurm, Wege nach Europa 1992, S. 3.

500 Newton, Sterling Crisis, S. 181.

eigenen Währung, um nationale wirtschaftliche Ziele, wie die Verringerung von Arbeitslosigkeit durch Exportsteigerung, zu erreichen. Damit bleibt offen, ab wann für die britischen Akteure die langfristig größere Dynamik des westeuropäischen Marktes hätte erkennbar sein können.

Hinzu kommt, daß sich die Politiker - in der Regel - kurzfristige Ziele setzen, um auf ihre Wiederwahl hinzuarbeiten. 1950 - ein Jahr vor der Wahl in Großbritannien - wäre wahrscheinlich kaum ein Politiker das Risiko eingegangen, auf ein Pferd zu setzen, von dem er nicht genau wußte, daß es auch das Rennen gewinnen würde. Daß der westeuropäische Markt langfristig einen weit günstigeren Rahmen für Wachstum, Produktivität und Nationaleinkommen bieten würde als das Commonwealth, war Anfang der 50er Jahre noch nicht vorhersehbar.

In diesem Buch wurde aufgezeigt, daß die zeitgenössischen Handelsstatistiken für Kohle und Stahl von 1950 eher gegen eine britische Teilnahme an einer europäischen Integration sprachen. Die wettbewerbspolitische Überlegenheit der britischen Kohle- und Stahlindustrie gegenüber den Konkurrenten auf dem Kontinent schien besonders kurzfristig eine Beteiligung am Schuman-Plan nicht notwendig zu machen, sondern eher als unvorteilhaft auszuschließen. Es ist daher wenig zweifelhaft, daß die britische Regierung - aus ihrer kurzfristigen Sichtweise heraus - über die Zukunft des Landes "Fehleinschätzungen" und Illusionen erlag, die mittel- und langfristig für Politik, Wirtschaft und Gesellschaft Großbritanniens von Nachteil gewesen sind.[501] Bereits im Dezember 1951 machte die

---

[501] So auch David Dilks, Britain and Europe 1948-1950: The Prime Minister, the Foreign Secretary and the Cabinet, in: Raymond Poidevin (Hrsg.), Histoire des débuts de la construction européenne (Mars 1948-Mai 1950), Brüssel 1986, S. 417 und Wurm, Two Paths, S. 181.
Alan S. Milward zeigt für die britische Europa-Politik sogar eine doppelte Kluft zwischen kurz- und langfristigen Zielen sowie zwischen politischen und ökonomischen Vorteilen auf. Milward, Reconstruction, S. 236. Auf die Notwendigkeit, zwischen kurzfristigen und langfristigen Wirkungen zu unterscheiden, weisen auch andere Ökonomen hin. Vgl. Neumann, Argumente, S. 25.

Working Group des FG Committee auf die zukünftige Konkurrenz durch die Schuman-Gemeinschaft aufmerksam. Es sei fraglich, ob die britische Wirtschaft von außen langfristig dieser Wettbewerbspolitik standhalten könne:

> "In considering long-term prospects it is necessary to look behind these figures to fundamental cost conditions and to ask whether our industry is likely in the long run to be able to meet the Community´s competition, within the Community, in export markets and short of protection, in the United Kingdom home market as well - and also how important it is that it should."[502]

Die "special relationship" zum Commonwealth - als Sinnbild für kurzfristige Zielsetzungen in der britischen Politik - kann auch als Schnittstelle von Politik und Wirtschaft gesehen werden. Denn die enge Beziehung zu den ehemaligen Kolonien symbolisierte auch den illusionären britischen Anspruch, Weltmacht zu sein. Aber es gab auch noch andere politische Faktoren, die die britische Haltung zum Schuman-Plan beeinflußten. Es war vor allem auch das Festhalten der Briten am "functional approach", der die britische Haltung zum Schuman-Plan bestimmte. Die Zusammenarbeit auf intergouvernementaler Basis wird auch noch heute den supranationalen Einigungsvorschlägen der Franzosen vorgezogen.[503] Die französische Idee, nationale Souveränitätsrechte auf eine überstaatliche Behörde zu übertragen, ist mit der britischen Definition von Funktionalismus unvereinbar. Die supranationale Macht der Hohen

---

[502] Report by a Working Party of Officials on the Treaty Constituting the European Coal and Steel Community, 31.12.1951, in: PRO/POWE 41/33, S. 37. Die Working Party vom 31. Dezember 1951 lehnte aber trotzdem eine formelle Mitgliedschaft Großbritanniens ab. Ebenda, S. 43.

[503] Neue Zürcher Zeitung vom 31. März 1996.

Behörde blieb weder wirtschaftlich als Dirigismus noch politisch - wegen Fehlens demokratischer Legitimation und eines nationalen Vetorechts - akzeptabel. Anderes hätte der altbewährten britischen Tradition, die nationale Unabhängigkeit zu bewahren, widersprochen.

Die letztlich negative britische Haltung zum Schuman-Plan ist folglich nur als eine Synthese von politischen und ökonomischen Beweggründen ausreichend schlüssig zu erklären.[504] Die Untersuchungen, die sich aber nur auf den Einfluß von politischen Faktoren auf die britische Haltung zum Schuman-Plan und zur Gründung einer Europäischen Gemeinschaft für Kohle und Stahl beschränken, sind einseitig. Ein wichtiger Grund für die Vernachlässigung wirtschaftlicher Faktoren war sicherlich, daß die Quellen und die Sekundärliteratur über die politischen Motive schneller zugängig und einfacher zu verstehen sind. Für die Analyse der ökonomischen Faktoren, die sich auf die britische Haltung auswirkten, ist es erheblich schwieriger, aussagekräftige Quellen (z. B. Tabellen) zu finden und diese auszuwerten.

Obwohl die Beschlußfassung auf Regierungsebene von politischen Entscheidungsfaktoren abhängig war, ist ein beträchtlicher Einfluß der wirtschaftlichen Faktoren auf die Haltung der britischen Regierung, wie in diesem Buch aufgezeigt wurde, nicht zu leugnen:

- Selbst Mitglieder der Regierung, wie beispielsweise Premierminister Attlee, haben die Notwendigkeit, die wirtschaftlichen Faktoren in der britischen Haltung zum Schuman-Plan zu berücksichtigen, herausgestellt.

---

504 So auch Wurm: "The plan was discussed on the basis that its industrial and commercial aspects could not be dissociated from its political importance, which was judged to be overriding." Wurm, Political Parties, S. 744.

- Der wirtschaftlich-sozial bedingte Widerstand der britischen Gewerkschaften gegen den Beitritt zum Schuman-Plan beeinflußte die Haltung der Labour-Regierung in einer nicht zu unterschätzenden Weise.

- Die Arbeitsgruppe des FG Committee, die sich mit den ökonomischen Implikationen eines britischen Beitritts zum Schuman-Plan und zur Europäischen Gemeinschaft für Kohle und Stahl beschäftigte, betonte den Einfluß wirtschaftlicher Überlegungen auf die politischen Entscheidungen der Regierung: "It is in the light of these [economic] considerations that the following conclusions have been reached and are the basis of Government policy."[505]

- Großbritannien hatte am Commonwealth sowohl politisches als auch wirtschaftliches Interesse. Beide Faktoren waren zu eng verknüpft, als daß man das gegen den Schuman-Plan sprechende wirtschaftliche Interesse außer acht lassen könnte.

- Schließlich haben die Verhandlungen über ein Assoziierungsabkommen mit der EGKS den Einfluß wirtschaftlicher Handlungsträger, d. h. der britischen Kohle- und Stahlindustrie, auf die politische Entscheidungsbildung demonstriert.

Besonders die kurzfristigen ökonomischen Interessen Großbritanniens sprachen Anfang der 50er Jahre gegen eine Teilnahme an dem Schuman-Plan und der Europäischen Gemeinschaft für Kohle und Stahl. Ob die britische Entscheidung, von der EGKS fernzubleiben, für die Politik und Wirtschaft des Vereinigten Königreichs auch mittel- oder langfristig von Vorteil war, ist eine andere Frage, die nicht Thema dieses Buches war.

---

[505] Report by a Working Party of Officials on the Treaty Constituting the European Coal and Steel Community, 31.12.1951, in: PRO/POWE 41/33, S. 43.

Die Haltung gegenüber dem Schuman-Plan präfigurierte das britische Verhalten gegenüber späteren europäischen Integrationsvorhaben, wie z. B. der Schaffung eines einheitlichen Marktes durch die Römischen Verträge vom 25. März 1957 und zeigt seine Auswirkungen bis hin zu den jüngsten Plänen einer Europäischen Wirtschafts- und Währungsunion.

8. BIBLIOGRAHIE

Unveröffentlichte Quellen:

Dokumente des Foreign Office, in: Public Record Office/Kew.

Dokumente des Ministry of Power and Fuel (POWE), in: Public Record Office /Kew.

Microfiches zu den Documents on British Policy Overseas. Series II, Volume I: The Schuman Plan, the Council of Europe and Western European Integration May 1950-December 1952.

Zeitungen und Zeitschriften:

American Historical Review

Coal

Contemporary Record

Economic History Review

Études et Conjuncture

Europa-Archiv

Financial Times

Foreign Affairs

Geschichte in Wissenschaft und Unterricht

Glückauf

Historical Journal

Integration

International Affairs

International Organization

International Herald Tribune

Internationale Politik

Journal of Imperial and Commonwealth History

Monthly Statistical Bulletin (British Iron and Steel Federation)

Neue Zürcher Zeitung

New Statesman

Oxford Economic Papers

Political Quarterly

Review of Economics and Statistics

Review of International Studies

Review of Politics

Revue Française de Science Politique

Stahl und Eisen

The Economist

The Iron and Coal Trades Review

The Nineteenth Century

The Spectator

The Times

The Twentieth Century

Vierteljahrshefte für Zeitgeschichte

Akteneditionen und Parlamentsdebatten

Bullen, Roger/Pelly, M. E. (Hrsg.), Documents on British Policy Overseas. Series II, Volume I: The Schuman Plan, the Council of Europe and Western Europe and Western European Integration May 1950-December 1952, London 1986.

Foreign Office (Hrsg.), Anglo-French Discussions Regarding French Proposals for the West European Coal, Iron and Steel Industries in May-June 1950 (Command Paper 7970), London 1950.

Foreign Relations of the United States 1950, Volume III: Western Europe, 2 Bände, Washington 1977.

Lipgens, Walter/Loth, Wilfried (Hrsg.), Documents on the History of European Integration,

Volume III: The Struggle for European Union by Political Parties and Pressure Groups in Western European Countries, 1945-1950, Berlin/New York 1988.

Volume IV: Transnational Organizations of Political Parties and Pressure Groups in the Struggle for European Union, 1945-1950, Berlin/New York 1991.

Conservative Research Department (Hrsg.), Notes on Current Policy.

Parliamentary Debates (Hansard), House of Commons, Official Report, 5th Series, Volume 474-487, London 1950-1951.

Andere Quellen:

British Iron and Steel Federation (Hrsg.), Annual Report, London 1950-1954.

European Unity. A Statement by the National Executive Committee of the British Labour Party, London 1950.

International Labour Office (Hrsg.), Studies and Reports, Geneva 1950-1959.

International Labour Office (Hrsg.), Year Book of Labour Statistics, Geneva 1950-55.

Keesing´s Archiv der Gegenwart, XXIV. Jahrgang, Essen, Wien und Zürich 1954.

Meyers Grosses Taschen Lexikon, Bd. 10, Mannheim u. a. 1994[4].

Erinnerungen, Tagebücher, Briefe:

Acheson, Dean, Present at the Creation. My Years in the State Department, New York 1969.

Attlee, Clement R., As it happened, London 1954.

Churchill, Winston, His Complete Speeches 1897-1963, Robert Rhodes James (Hrsg.), Vol. VII, 1943-1949, New York 1974.

Dalton, Hugh, High Tide and After: Memoirs 1945-1960, London 1962.

Dalton, Hugh, The Political Diaries of Hugh Dalton 1918-40, 1945-60, Ben Pimlott (Hrsg.), London 1986.

Eden, Anthony, Full Circle. Memoirs, Band 3, 1945-1957, London 1960.

Kennan, George F., Memoirs 1925-1950, New York 1967.

Macmillan, Harold, At the End of the Day, 1961-1963, London 1973.

Macmillan, Harold, Tides of Fortune, 1945-55, London 1969.

Marjolin, Robert, Architect of European Unity. Memoirs 1911-1986, London 1989.

Massigli, René, Une comédie des erreurs 1943-1956. Souvenirs et réflexions sur une étape de la construction européenne, Paris 1978.

Monnet, Jean, Erinnerungen eines Europäers, München und Wien 1978.

Monnet, Jean, Mémoires, Paris 1988.

Monnet, Jean und Schuman, Robert, Correspondance 1947-1953, Fondation Jean Monnet (Hrsg.), Lausanne 1986.

Spaak, Paul-Henri, Memoiren eines Europäers, Hamburg 1969.

Stikker, Dirk U., Men of Responsibility: A Memoir, New York 1966.

Zeitgenössische Literatur:

Bareau, Paul, The Economic Problems of European Co-ordniation, in: The Twentieth Century 149 (1952), S. 258-266.

Bauer, Helmut, Fünf Jahre nationalisierter Kohlenbergbau in England 1947 bis 1951, in: Glückauf 88 (1952), S. 926-930.

Blankenagel, Karl, Der Schuman-Plan. Eine zusammenfassende Darstellung und Erläuterung der Pariser Verträge, in: Stahl und Eisen 71 (1951), S. 489-499.

Boothby, Robert, The Economic Policy of the Conservative Party, in: Political Quarterly 24 (1953), S. 148-155.

Boothby, Robert, The Future of the Council of Europe, in: Foreign Affairs 28 (1952), S. 331-337.

Boothby, Robert, Western Union: Illusions and Realities, in: The Twentieth Century 149 (1952), S. 217-223.

Bullock, Alan, Föderation oder Kooperation, in: Europa-Archiv 3 (1949), S. 1849-1851.

Clark, William, Towards a more Perfect Union, in: The Twentieth Century 149 (1952), S. 210-216.

Crossman, Richard H. S. (Hrsg.), New Fabian Essays, London 1952.

Diebold, William, Imponderables of the Schuman Plan, in: Foreign Affairs 1 (1950), S. 114-129.

Edelman, Maurice, The Council of Europe 1950, in: International Affairs 27 (1951), S. 25-31.

Fischer-Wollpert, Heinz, Die britische Europapolitik, in: Europa-Archiv 4 (1950), S. 2829-2836.

Hahn, Carl Horst, Der Schuman-Plan, München 1953.

Haußmann, Frederick, Der Schuman-Plan im europäischen Zwielicht. Ein Beitrag zu den Grundproblemen und zur Weiterentwicklung des Schuman-Planes, Berlin 1952.

Healey, Denis, A Socialist View of Western Policy, in: The Twentieth Century 149 (1952), S. 223-232.

Healey, Denis, Power Politics and the Labour Party, in: Richard H. S. Crossman (Hrsg.), New Fabian Essays, London 1952, S. 151-179.

Hellwig, Fritz, Die Unternehmungsorganisation in der Westeuropäischen Eisen- und Stahlindustrie, in: Stahl und Eisen 7 (1951), S. 321-327.

Kiersch, Günther, Die früheren internationalen Stahlkartelle und der Schumanplan. Eine Gegenüberstellung der Grundlagen, Ziele und Organisationsformen (Sonderveröffentlichung des Rheinisch-westfälischen Instituts für Wirtschaftsforschung 2), Essen 1951.

Lauersen, Walther, Ausmaß und Formen vertikaler Verflechtung in der Eisen- und Stahlindustrie der Vereinigten Staaten, Großbritannien, Frankreichs, Belgiens und Luxemburgs, Kiel 1951.

Lord Layton, Little Europe and Britain, in: International Affairs 27 (1953), S. 292-301.

Lowe, John, British Policy and the Unity of Europe, in: The Ninetheenth Century 148 (1950), S. 148-154.

Lowe, John, The Schuman Plan, in: The Nineteenth Century 148 (1950), S. 77-82.

Mc Kesson, John A., The Schuman Plan, in: Political Science Quarterly 67 (1952), S. 18-35.

Parker, W. N., The Schuman Plan - A Preliminary Prediction, in: International Organization 6 (1952), S. 381-396.

Post, Anthony, Entwicklung der britischen Eisen- und Stahlindustrie seit 1945, in: Stahl und Eisen 74 (1954), S. 1310-1314.

Reuter, Paul, La conception du pouvoir politique dans le Plan Schuman, in: Revue Française de Science Politique 1 (1951), S. 256-276.

Scheunemann, Fritz, Westeuropas Eisen- und Stahlindustrie in räumlicher Sicht, in: Stahl und Eisen 73 (1953), S. 227-230.

Schuman, Robert, French Policy towards Germany since the War, London 1953.

Sethur, Frederick, The Schuman Plan and Ruhr Coal, in: Political Science Quarterly 67 (1952), S. 503-520.

Steiner, Herbert, Größenordnung und horizontale Verflechtung in der Eisen- und Stahlindustrie der Vereinigten Staaten, Großbritanniens, Frankreichs, Belgiens, Luxemburgs und Deutschlands, Kiel 1952.

Stikker, Dirk U., The Functional Approach to European Integration, in: Foreign Affairs 29 (1950/51), S. 436-444.

Waring, H. W. A., Der europäische Stahlmarkt 1954, in: Stahl und Eisen 75 (1955) S. 445-452.

Worsley, R., Zur Lage der englischen Eisen- und Stahlindustrie, in: Stahl und Eisen 72 (1952), S. 1501-1502.

Worsley, R., Zur Lage der englischen Stahlindustrie, in Stahl und Eisen 72 (1952), S. 389-390.

Sekundärliteratur

Adamthwaite, Anthony, Britain and the World, 1945-1949: the View from the Foreign Office, in: J. Becker/F. Knipping (Hrsg.), Power in Europe? Great Britain, France, Italy and Germany in a Postwar World 1945-1950, Bd. 1, Berlin und New York 1986, S. 9-26.

Adamthwaite, Anthony, Overstretched and Overstrung: Eden, the Foreign Office and the Making of Policy, in: Ennio Di Nolfo (Hrsg.), Power in Europe? Great Britain, France, Germany and Italy and the Origins of the EEC, 1952-1957, Berlin und New York 1992, S. 19-42.

Ashworth, William, The History of the British Coal Industry. 1946-82: The Nationalized Industry, Band 5, Oxford 1986.

Barclay, Roderick, Ernest Bevin and the Foreign Office 1932-69, London 1975.

Barker, Elisabeth, Britain in a divided Europe 1945-1970, London 1972[2].

Barker, Elisabeth, The British between the Superpowers, 1945-50, London 1983.

Becker, Josef/Knipping, Franz (Hrsg.), Power in Europe? Great Britain, France, Italy and Germany in a Postwar World 1945-1950, Berlin und New York 1986.

Beckers, Lambert, Die Struktur der Stahlindustrie der Bundesrepublik Deutschland im Vergleich mit den übrigen Montanunionländern, den USA, Großbritannien und Japan, Diss. Aachen 1969.

Bellers, Jürgen/Häckel, Erwin, Theorien internationaler Integration und internationaler Organisationen, in: Politische Vierteljahresschrift Sonderheft 21 (1990), 286-310.

Berding, Helmut (Hrsg.), Wirtschaftliche und politische Integration in Europa im 19. und 20. Jahrhundert (Geschichte und Gesellschaft, Sonderheft 10), Göttingen 1984.

Bernier, Serge, Relations politiques Franco-Britanniques (1947-1958). Etude du comportement d´une alliance, Quebec 1984.

Blank, Stephen, Industry and Government in Britain. The Federation of British Industries in Politics, 1945-65, Westmead u. a. 1973.

Blank, Stephen, Industry and Government in Britain. The Federation of British Industries in Politics 1945-65, Farnborough 1973.

Bleckmann, Albert, Europarecht. Das Recht der europäischen Wirtschaftsgemeinschaft, Köln u. a. 1980.

Britain and the European Community, His Majesty´s Stationary Office (Hrsg.), London 1964.

Brivati, Brian/Jones Harriet (Hrsg.), From Reconstruction to Integration. Britain and Europe since 1945, London 1971.

Buchheim, Christoph, Schuman-Plan und liberale Weltwirtschaft (GATT), in: Klaus Schwabe (Hrsg.), Die Anfänge des Schuman-Plans 1950/51, Baden-Baden 1988, S. 161-170.

Bührer, Werner, Erzwungene oder freiwillige Liberalisierung? Die USA, die OEEC und die westeuropäische Außenhandelspolitik 1949-1952, in: Ludolf Herbst u. a. (Hrsg.), Vom Marshallplan zur EWG. Die Eingliederung der Bundesrepublik in die westliche Welt (Quellen und Darstellungen zur Zeitgeschichte, Band 30), München 1990, S. 139-162.

Bührer, Werner, German Industry and European Integration in the 1950s, in: Clemes A. Wurm (Hrsg.), Western Europe and Germany. The Beginnings of European Integration 1945-1960, Oxford 1995, S. 87-114.

Bullen, Roger, An Idea enters Diplomacy. The Schuman Plan May 1950, in: R. J. Bullen, H. Pogge von Strandmann und A. B. Polansky (Hrsg.), Ideas into Politics. Aspects of European History 1880-1950, London 1984.

Bullen, Roger, Britain and Europe, 1950-1957, in: Ennio Di Nolfo (Hrsg.), Power in Europe? Great Britain, France, Germany and Italy and the Origins of the EEC, 1952-1957, Berlin/New York 1992, S. 499-505.

Bullen, Roger, The British Government and the Schuman Plan May 1950 - March 1951, in: Klaus Schwabe (Hrsg.) Die Anfänge des Schuman-Plans 1950/51, Baden-Baden 1988, S. 199-210.

Bullock, Alan, Ernest Bevin, Foreign Secretary 1945-51. The Life and Times of Ernest Bevin, Band III, Oxford u. a. 1983.

Burk, Kathleen, The first Privatisation. The Politicians, the City, and the Denationalisation of Steel, London 1988.

Burn, Duncan, The Steel Industry 1939-1959. A Study in Competition and Planning, Cambridge 1961.

Cairncross, Alec, The British Economy since 1945: Economic Policy and Performance, 1945-1990, Oxfort/London 1992.

Cairncross, Alec, Years of Recovery. British Economic Policy 1945-51, London 1985.

Carr, James Cecil/Taplin, Walter, History of the British Steel Industry, Oxford 1962.

Cash, William, Against a Federal Europe, London 1991.

Cipolla, Carlo M./Borchardt, Knut (Hrsg.), Die europäischen Volkswirtschaften im 20. Jahrhundert (Europäische Wirtschaftsgeschichte/The The Fontana Economic History of Europe, Band 5), Stuttgart/New York 1986.

Cockerill, Anthony, The Steel Industry: International Comparisons of Structure and Performance, Cambridge 1975.

Cooke, Colin, The Life of Richard Stafford Cripps, London 1957.

Dell, Edmund, The Schuman Plan and the British Abdication of Leadership in Europe, Oxford 1995.

Delmas, Claude, Le federalisme et l'Europe, Brüssel u. a. 1969.

Deighton, Anne, Missing the Boat, in: Contemporary Record 3 (1990), S. 14-17.

Diebold, William, The Schuman Plan. A Study in Economic Cooperation 1950-1959, New York 1959.

Dilks, David, Britain and Europe 1948-1950. The Attitudes of the Prime Minister, the Foreign Secretary and the Cabinet, in: Raymond Poidevin (Hrsg.), Histoire des débuts de la construction européenne (Mars 1948-Mai 1950), Brüssel 1986, S. 391-418.

Di Nolfo, Ennio (Hrsg.), Power in Europe? Great Britain, France, Germany and Italy and the Origins of the EEC, 1952-1957, Berlin und New York 1992.

Dobson, Alan P., The Politics of the Anglo-American Economic Special Relationship, Brighton 1988.

Dockrill, Michael/Young, John, W. (Hrsg.), British Foreign Policy 1945-56, Basingstoke 1989.

Dow, J. C. R., The Management of the British Economy, 1945-60, Cambridge 1964.

Elbaum, Bernard/Lazonick, William B. (Hrsg.), The Decline of British Economy, Oxford 1986.

Elgey, Georgette, Histoire de la IVe République. La République des illusions 1945-1951, Paris 1965.

Frei, Daniel, Integrationsprozesse. Theoretische Erkenntnisse und praktische Folgerungen, in: Werner Weidenfeld (Hrsg.), Die Identität Europas (Schriftenreihe der Bundeszentrale für politische Bildung, Band 225), Bonn 1985, S. 113-131.

Friedrich, Carl, Europe: An Emergent Nation?, New York 1969.

Gardner, Nick, A guide to United Kingdom and European Community Competition Policy, Basingstoke 1990.

George, Stephen, An Awkward Partner. Britain in the European Community, Oxford 1994[2].

George, Stephen, Britain and European Integration since 1945, Oxford u. a. 1991.

Gerbert, Pierre, La construction de l´Europe, Paris 1983.

Gerbert, Pierre, La genèse du Plan Schuman. Des origines à la déclaration du 9 mai 1950, in: Revue Française de Science Politique 6 (1956), S. 525-553.

Gerbert, Pierre, Les origines du Plan Schuman. Le choix de la méthode communautaire par le gouvernement français, in: Raymond Poidevin (Hrsg.), Histoire, S. 199-222.

Gilbert, Martin, Winston S. Churchill. Volume VIII: 'Never Despair' 1945-1965, London 1988.

Gillingham, John, Zur Vorgeschichte der Montan-Union. Westeuropas Kohle und Stahl in Depression und Krieg, in: Review of Economics and Statistics 34 (1986), S. 381-405.

Gillingham, John, Coal, Steel and the Rebirth of Europe 1945-1955. The Germans and French from Ruhr Conflict to Economic Community, Cambridge 1991.

Gillingham, John, Die französische Ruhrpolitik und die Ursprünge des Schumanplanes. Neue Bewertung, in: Vierteljahrshefte für Zeitgeschichte 35 (1987), S. 1-24.

Gillingham, John, Solving the Ruhr Problem: German Heavy Industry and the Schuman Plan, in: Klaus Schwabe (Hrsg.), Die Anfänge des Schuman-Plans 1950/51, Baden-Baden 1988, S. 381-405.

Goschler, Constantin/Buchheim, Christoph und Bührer, Werner, Der Schumanplan als Instrument französischer Stahlpolitik, in: Vierteljahrshefte für Zeitgeschichte 37 (1989), S. 171-206.

Greenwood, Sean, Britain and European Cooperation since 1945, Oxford 1992.

Griffiths, Richard T., The Schuman Plan Negotiations: The Economic Clauses, in: K. Schwabe (Hrsg.), Die Anfänge des Schuman-Plans 1950/51, Baden-Baden 1988, S. 35-71.

Groeben, Hans von der, Politische und wirtschaftliche Motive im Gleichklang. Die Vertragsverhandlungen aus der Sicht eines Beteiligten, in: Integration 10 (1987), S. 116-120.

Grote, Friedrich W., Die Eisen- und Stahlindustrie im Wandel der englischen Wirtschaftsordnung seit 1945, Diss. masch., Bonn 1959.

Haas, Ernst, The Uniting of Europe. Political, Social and Economical Forces 1950-1957, Stanford 1968[2].

Heal, David W., The steel industry on post war Britain, London 1974.

Hennessy, Peter, Never Again. Britain 1945-1951, London 1992.

Herbst, Ludolf (Hrsg.), Westdeutschland 1945-1955. Unterwerfung, Kontrolle, Integration (Schriftenreihe der Vierteljahrshefte für Zeitgeschichte, Sondernummer), München 1986.

Herbst, Ludolf/Bührer, Werner und Sowade, Hanno (Hrsg.), Vom Marshallplan zur EWG. Die Eingliederung der Bundesrepublik Deutschland in die westliche Welt (Quellen und Darstellungen zur Zeitgeschichte, Band 30), München 1990.

Herbst, Ludolf, Die zeitgenössische Integrationstheorie und die Anfänge der Europäischen Einigung 1947-1950, in: Vierteljahrshefte für Zeitgeschichte 34 (1986), S. 161-205.

Herbst, Ludolf, Option für den Westen. Vom Marshallplan bis zum deutsch-französischen Vertrag (Deutsche Geschichte der neuesten Zeit, Band 27), München 1989.

Hogan, Michael, The Marshall Plan. America, Britain and the Reconstruction of Western Europe, 1947-1952, Cambridge 1987.

Horne, Alistair, Macmillan 1894-1956. Volume I of the Official Biography, London 1990.

Jansen, Jürgen, Britische Konservative und Europa. Debattenaussagen im Unterhaus zur westeuropäischen Integration 1945-1972, Baden-Baden 1978.

Jenkins, Roy, The Disappointing Partnership between British Governments and Europe. Why the Paul-Henry Spaak Tradition rarely embraces London, Cambridge/MA 1995.

Jörnmark, Jan, Coal and Steel in Western Europe 1945-1993. Innovative Change and Institutional Adaption (Publications of the Department of Economic History of the University of Göteborg 67), Göteborg 1993.

Keeling, B. S./Wright, A. E. G., The Development of the Modern British Steel Industry, London 1964.

Kennedy, Paul, Aufstieg und Fall der großen Mächte. Ökonomischer Wandel und militärischer Konflikt von 1500 bis 2000, Frankfurt am Main 1991.

Kennedy, Paul, The Realities behind Diplomacy. Background Influences on British External Policy, 1865-1980, London 1981.

Keynes, John Maynard, The General Theory of Employment, Interest and Money (The Collected Writings of John Maynard Keynes, Volume VII), Cambridge 1973.

Kirby, Maurice W., The Decline of British Economic Power since 1870, London 1981.

Kitzinger, Uwe W., The Politics and Economics of European Integration. Britain, Europe and the United States, New York 1963.

Kölling, Mirjam, Führungsmacht in Westeuropa? Großbritanniens Anspruch und Scheitern 1944-1950 (Studien zur Geschichte, Band 3), Berlin (Ost) 1984.

Koppelmann, Klaus-Peter, Die Haltung der britischen Labour Party zu Schumanplan und Montanunion, in: Vom Schumanplan zur Montanunion. Parlamentarische Auseinandersetzungen in Frankreich, in der BRD und in Großbritannien (1950/51) (Leipziger Beiträge zur Revolutionsforschung 21), Leipzig 1988, S. 54-77.

Küsters, Hanns Jürgen, Die Verhandlungen über das institutionelle System zur Gründung der Europäischen Gemeinschaft für Kohle und Stahl, in: K. Schwabe (Hrsg.), Anfänge, S. 73-102.

Küsters, Hanns Jürgen, West Germany's Foreign Policy in Western Europe 1949-58. The Art of Possible, in: Clemens A. Wurm (Hrsg.) Western Europe and Germany. The Beginnings of European Integration 1945-1960, Oxford 1995, S. 55-85.

Lacroix-Riz, Annie, Paris et Washington au début du Plan Schuman (1950-1951), in: Klaus Schwabe (Hrsg.), Anfänge, S. 241-268.

Lappenküper, Ulrich, Der Schuman-Plan, in: Vierteljahrshefte für Zeitgeschichte 42 (1992), S. 403-447.

Leffler, Melvyn P., A Preponderance of Power. National Security, the Truman Administration, and the Cold War, Stanford 1992.

Lieber, Rober J., British Politics and European Unity. Parties, Elites and Pressure Groups, Berkeley 1970.

Lipgens, Walter, Die Anfänge der europäischen Einigungspolitik 1945-1950. Erster Teil: 1945-1947, Stuttgart 1977.

Lister, L., Europe´s Coal and Steel Community: An Experiment in Economic Union, New York 1960.

Lord, Christopher, Absent at the Creation: Britain and the Formation of the European Community, 1950-2, Adlershot u.a. 1996.

Loth, Wilfried, Der Abschied vom Europarat. Europapolitische Entscheidungen im Kontext des Schuman-Plans, in: K. Schwabe (Hrsg.), Anfänge, S. 183-195.

Loth, Wilfried, Sozialismus und Internationalismus. Die französischen Sozialisten und die Nachkriegsordnung Europas 1940-1950, Stuttgart 1977.

Loth, Wilfried, Der Weg nach Europa. Geschichte der europäischen Integration 1939-1957, Göttingen 1991[2].

Loth, Wilfried, Vertragsverhandlungen bei abklingender Europabegeisterung. Eine zeitgeschichtliche Einordnung, in: Integration 10 (1987), S. 107-116.

Lynch, Frances M. B., The Role of Jean Monnet in Setting Up the European Coal and Steel Community, in: K. Schwabe (Hrsg.), Anfänge, S. 117-129.

Maier, Charles S., Die drei Dimensionen der Westintegration, in: L. Herbst (Hrsg.), Westdeutschland, S. 247-252.

Maier, Charles S., The Two Postwar Eras and the Conditions of Stability in Twentieth Century Western Europe, in: American Historical Review 96 (1981), S. 327-352.

Mayne, Richard, Jean Monnet, Europe and the British: a Witness Account, in: Brian Brivati/Harriet Jones (Hrsg.), From Reconstruction to Integration. Britain and Europe since 1945, Leicester 1993, S. 18-33.

Melandri, Pierre, Le rôle de l´unification européenne dans la politique extérieure des Etats-Unis, in: R. Poidevin (Hrsg.), Histoire, S. 25-45.

Melissen, Jan/Zeeman, Bert, Britain and Western Europe, 1945-51: opportunities lost?, in: International Affairs 63 (1986), S. 81-95.

Milward, Alan S., Nationale Wirtschaftsinteressen im Vordergrund. Neue Erkentnisse statt überholter Schulweisheiten, in: Integration 10 (1987), S. 100-106.

Milward, Alan S., The Belgian Coal and Steel Industries and the Schuman Plan, in: K. Schwabe (Hrsg.), Anfänge, S. 437-453.

Milward, Alan S./Brennan, George/Romero, Federico (Hrsg.), The European Rescue of the Nation State, London 1992.

Milward, Alan S. u. a. (Hrsg.), The Frontier of National Sovereignity. History and Theory 1945-1992, London und New York 1992.

Milward, Alan S., Entscheidungsphasen der Westintegration, in: L. Herbst (Hrsg.), Westdeutschland, S. 231-245.

Milward, Alan S., The Reconstruction of Western Europe 1945-51, London 1987[2].

Mioche, Philippe, Le patronat de la sidérugie française et le Plan Schuman en 1950-1952: Les apparences d´un combat et la réalité d´une mutuation, in: K. Schwabe (Hrsg.), Anfänge, S. 305-318.

Mittendorfer, Rudolf, Robert Schuman - Architekt des neuen Europa (Historische Texte und Studien, Band 6), Hildesheim u. a. 1983.

Moon, Jeremy, European Integration in British Politics 1950-1963: A Study of Issue Change, Aldershot 1985

Morgan, Kenneth O., Labour in Power 1945-1951, Oxford 1984.

Morgan, Kenneth O., The People´s Peace. British History 1945-1989, Oxford 1990.

Neumann, Manfred, Wirklich so notwendig? Argumente gegen die Europäische Währungsunion, in: Internationale Politik 6 (1996), S. 25-27.

Newman, Michael, Socialism and Euopean Unity. The Dilemma of the Left in Britain and France, London 1983.

Newton, Scott, Britain, The Sterling Area and European Integration, 1945-50, in: Journal of Imperial and Commonwealth History, 13 (1985), S. 163-182.

Newton, Scott, The Sterling Crisis and British Policy towards European Integration, in: Review of International Studies 11 (1985), S. 169-182.

Northedge, Frederick S., Britain as a Second-Rank Power, in: International Affairs 46 (1970), S. 37-47.

Nutting, Anthony, Europe will not wait. A warning and a way out, London 1960.

Ovendale, Ritchie (Hrsg.), The Foreign Policy of the British Labour Governments 1945-51, Leicester 1984.

Parker, Geoffrey, The Logic Unity. An Economic Geography of Common Market, Edinburgh 1968.

Peden, George C., Economic Aspects of British Perceptions of Power, in: Ennio Di Nolfo (Hrsg.), Power in Europe?. Great Britain, France, Germany and Italy and the Origins of the EEC, 1952-1957, Berlin und New York 1992, S. 139-160.

Pienz, Heinz, Der britische Kohlenbergbau in der Krise, in: Glückauf 2 (1967), S. 105-111.

Poidevin, Raymond (Hrsg.), Histoire des débuts de la construction européenne (Mars 1948-Mai 1950), Brüssel 1986.

Poidevin, Raymond, Der Faktor Europa in der Deutschlandpolitik Robert Schumans (Sommer 1948 bis Frühjahr 1949), in: Vierteljahrshefte für Zeitgeschichte 33 (1985), S. 406-419.

Poidevin, Raymond, Die europapolitische Initiativen Frankreichs des Jahres 1950 - aus einer Zwangslage geboren?, in: L. Herbst u. a. (Hrsg.), Marshallplan, S. 257-262.

Poidevin, Raymond, Le rôle personnel de Robert Schuman dans les negotiations C.E.C.A (juin 1950-avril 1951), in: K. Schwabe (Hrsg.), Anfänge, S. 105-115.

Poidevin, Raymond, Robert Schuman, Paris 1988.

Pollard, Sidney, Probleme der europäischen Integration im 19. und 20. Jahrhundert, in: H. Berding (Hrsg.), Integration, S. 9-33.

Pollard, Sidney, The Integration of the European Economy since 1815 (Studies on Contemporary Europe, Band 4), London 1981.

Posner, Eberhard, Der britische Steinkohlenbergbau im westeuropäischen Vergleich, in: Glückauf 11 (1973), S. 585-593.

Pounds, Norman/Parker, William, Coal and Steel in Western Europe, London 1962.

Ranieri, Ruggero, Attempting an Unlikely Union: The British Steel Industry and the European Coal and Steel Community 1950-54, in: Peter Stirk/David Willis (Hrsg.), Shaping Postwar Europe. Euopean Unity and Disunity 1945-1957, London 1991, S. 112-123.

Ranieri, Ruggero, Inside or Outside the Magic Circle? The Italian and British Steel Industy face to face with the Schuman Plan and the European Coal Iron and Steel Community, in Alan Milward u. a. (Hrsg.), The Frontier of National Sovereignty.History and Theory 1945-1992, London 1993, S. 117-154.

Reynolds, David, Britain an the New Europe: The Search for Identity since 1940, in: Historical Journal 31 (1988), S. 223-239.

Roberts, Sir Frank K., Ernest Bevin as Foreign Secretary, in: Ritchie Ovendale (Hrsg.), The Foreign Policy of the British Labour Governments 1945-51, Leicester 1984, S. 21-42.

Sahm, Ulrich, Britain and Europe 1950, in: International Affairs 43 (1967), S. 12-24.

Sahm, Ulrich, "Diplomaten taugen nichts". Aus dem Leben eines Staatsdieners, Düsseldorf 1994.

Schinzinger, Francesca, Die wirtschaftlichen Rahmenbedingungen des Schuman-Planes, in: K. Schwabe (Hrsg.), Anfänge, S. 143-159.

Schmidt, Gustav (Hrsg.), Großbritannien und Europa - Großbritannien in Europa. Sicherheitsbelange und Wirtschaftsfragen in der britischen Europapolitik nach dem zweiten Weltkrieg (Schriftenreihe: Arbeitskreis Deutsche England-Forschung, Band 10) Bochum 1989.

Schröder, Hans-Jürgen, Die amerikanische Deutschlandpolitik und das Problem der westeuropäischen Kooperation 1947/48-1950, in: R. Poidevin (Hrsg.), Histoire, S. 71-92.

Schröter, Harm G., Sonderweg und (un)aufhaltsame Hinwendung zu Europa: Zur Entwicklung der britischen Außenwirtschaftsstrukturen im 20. Jahrhundert, in: Clemens A. Wurm (Hrsg.), Wege nach Europa, Wirtschaft und Außenpolitik Großbritanniens im 20. Jahrhundert (Schriftenreihe: Arbeitskreis Deutsche England-Forschung, Band 19) Bochum 1992, S. 155-170.

Schumm, Oskar, Das Problem der gemeinschaftlichen Kokskohlen- und Kokereipolitik in der EGKS, in: Glückauf 15 (1970), S. 756-762.

Schwabe, Klaus, Die Vereinigten Staaten und die Europäische Integration: Alternativen der amerikanischen Außenpolitik (1950-1955), in: Gilbert Trausch (Hrsg.) Die europäische Integration vom Schuman-Plan bis zu den Verträgen von Rom, Baden-Baden 1993, S. 41-54.

Schwabe, Klaus, »Ein Akt konstruktiver Staatskunst« - die USA und die Anfänge des Schuman-Plans, in: K. Schwabe (Hrsg.), Die Anfänge des Schuman-Plans 1950/51, Baden-Baden 1988, S. 211-239.

Schwabe, Klaus (Hrsg.), Die Anfänge des Schuman-Plans 1950/51, Baden-Baden 1988.

Schwabe, Klaus, The United States and European Integration: 1947-1957, in: Clemens A. Wurm (Hrsg.), Western Europe and Germany. The Beginnings of European Integration 1945-1960, Oxford 1995, S. 115-135.

Schwarz, Hans-Peter, Die europäische Integration als Aufgabe der Zeitgeschichtsforschung, in: Vierteljahrshefte für Zeitgeschichte 31 (1983), S. 555-571.

Siemann, Wolfram, Vom Staatenbund zum Nationalstaat. Deutschland 1806-1871, (Die Neue Deutsche Geschichte 7), München 1995.

Spierenburg, Dirk/Poidevin, Raymond, The History of the High Authority of the European Coal Community: Supranationality in Operation, London 1994.

Stirk, Peter/Willis David (Hrsg.), Shaping Postwar Europe: European Unity and Disunity 1945-57, London 1991.

Taylor, Philip M., The Projection of Britain Abroad 1945-51, in: Michael Dockrill/ John W. Young (Hrsg.), British Foreign Policy 1945-56, London u. a. 1989, S. 9-31.

Tolliday, Steven, Steel and Nationalization Policies 1918-50, in: Elbaum/Lazonick (Hrsg.), The Decline of the British Economy, Oxford 1986, S. 82-109.

Trausch, Gilbert, By Way of Introduction. Successes and Failures of European Integration During a Decade of Extraordinary Intensity, in: Gilbert Trausch (Hrsg.), Die europäische Integration vom Schuman-Plan bis zu den Verträgen von Rom, Baden-Baden 1993, S. 11-17.

Vaïsse, Maurice, L´échec d´une Europe franco-britannique ou comment le pacte de Bruxelles fut créé et délaissé, in: Poidevin (Hrsg.), Histoire, S. 369-389.

Van Helmont, Jacques, Options européennes 1945-1985, Luxemburg 1986.

Volle, Angelika, Großbritannien und der europäische Einigungsprozeß (Arbeitspapiere zur Internationalen Politik 51), Bonn 1989.

Warner, Geoffrey, The Labour Governments and the Unity of Western Europe 1945-51, in: Ritchie Ovendale (Hrsg.), Foreign Policy, Leicester 1984, S. 61-82.

Warner, Geoffrey, Die Labour-Regierung und die Einheit Westeuropas, in: Die europäische Herausforderung. England und Deutschland in Europa, Adolf M. Birke/Kurt Kluxen (Hrsg.), München u. a. 1987, S. 13-31.

Warren, Kenneth, The British Iron and Steel Sheet Industry, London 1970.

Watt, Donald C., Großbritannien und Europa 1951-1959. Die Jahre konservativer Regierung, in: Vierteljahrshefte für Zeitgeschichte 28 (1980), S. 389-409.

Wendt, Bernd-Jürgen, Europe between Power and Powerlessness, in: J. Becker/F. Knipping (Hrsg.), Power, S. 539-555.

Wirsching, Andreas, Großbritanniens Europapolitik und das deutsch-französische Problem nach den beiden Weltkriegen, in: Geschichte in Wissenschaft und Unterricht 4 (1996), S. 209-224.

Wurm, Clemens A. (Hrsg.), Wege nach Europa. Wirtschaft und Außenpolitik Großbritanniens im 20. Jahrhundert (Schriftenreihe: Arbeitskreis Deutsche England-Forschung, Band 19) Bochum 1992.

Wurm, Clemens A. (Hrsg.),Western Europe and Germany. The Beginnings of European Integration 1945-1960, Oxford 1995, S. 175-200.

Wurm, Clemens A., Two paths to Europe: Great Britain and France from Comparative Perspective, in: Ders. (Hrsg.), Western Europe and Germany. The Beginnings of European Integration 1945-1960, Oxford 1995, S. 175-200.

Wurm, Clemens A., Großbritannien, Frankreich und die westeuropäische Integration, Berlin 1994.

Wurm, Clemens A., Großbritannien, Westeuropa und die Anfänge der europäischen Integration 1945-1951: Ein Überblick, in: Gustav Schmidt (Hrsg.), Großbritannien und Europa - Großbritannien in Europa. Sicherheitsbelange und Wirtschaftsfragen in der britischen Europapolitik nach dem zweiten Weltkrieg (Schriftenreihe: Arbeitskreis Deutsche England-Forschung, Band 10) Bochum 1989, S. 57-88.

Wurm, Clemens A., Handelsdiplomatie in der Weltwirtschaftskrise. Internationale Kartelle, Stahl und Baumwolltextilien in der Außenpolitik Großbritianniens 1924-1939, in: Ders. (Hrsg.), Internationale Kartelle und Außenpolitik, Stuttgart 1989, S. 103-150.

Wurm, Clemens A., Sozialisten und euopäische Integration: Die britische Labour Party 1945-1984, in: Geschichte in Wissenschaft und Unterricht 38 (1987), S. 280-295.

Yasamee, Heather S., Großbritannien und die Westintegration der Bundesrepublik 1948-1951, in: Ludolf Herbst u. a. (Hrsg.), Marshallplan, S. 535-560.

Young, John W., Britain and European Unity 1945-1992, Basingstoke 1993.

Young, John W., Britain, France and the Unity of Europe 1945-1951, Leicester u. a. 1984.

Young, John W., Churchill´s 'No' to Europe. The Rejection of European Union by Churchill´s Post-War Government, 1951-1952, in: Historical Journal 28 (1985), S. 923-937.

Young, John W., The Schuman Plan and the British Association, in: Ders. (Hrsg.), The Foreign Policy of Churchill´s Peacetime Administration 1951-1955, Leicester 1988, S. 109-134.

Younger, Kenneth, A comment by Kenneth Younger, in: International Affairs 43 (1967), S. 24-28.

Ziebura, Gilbert, Die deutsch-französischen Beziehungen seit 1945. Mythen und Realitäten, Pfullingen 1970.

Ludger Kühnhardt, Gerd Leutenecker, Martin Rupps (Hrsg.)

Die doppelte deutsche Diktaturerfahrung

Drittes Reich und DDR –
ein historisch-politikwissenschaftlicher Vergleich

Frankfurt/M., Berlin, Bern, New York, Paris, Wien, 2., neubearb. Aufl. 1996.
330 S.
ISBN 3-631-30393-9 · br. DM 95.–*

Zwei Diktaturen auf deutschem Boden haben in der Geschichte des 20. Jahrhunderts entscheidende Folgen gehabt. So sehr das Dritte Reich und die DDR am entgegengesetzten Spektrum des politischen Extremismus angesiedelt waren, stellt sich doch die Frage, inwieweit die beiden Diktaturen strukturelle und habituelle Analogien aufgewiesen haben. Freiburger Studierende der Politikwissenschaft haben die jeweiligen Prozesse der Machtergreifung, die Mechanismen der Machtsicherung und die Umstände des Machtverfalls ebenso im Vergleich untersucht wie die Frage nach der Funktion der beiden entgegengesetzten Ideologien oder die Rolle der Wirtschaftspolitik in beiden Systemen. Ihre Analysen sind ein Beitrag zu der erst begonnenen wissenschaftlichen Auseinandersetzung über Gemeinsamkeiten und Unterschiede zwischen dem Dritten Reich und der DDR.

„Das Unterfangen kann in der Tat insgesamt als gelungen bezeichnet, die Fortsetzung empfohlen werden. Die Aufsätze sind gut strukturiert, logisch aufgebaut, informativ gehalten, auf dem neuesten Forschungsstand, und der *common sense* ist unübersehbar".
(Prof. Eckhard Jesse, Neue Zürcher Zeitung, in einer Rezension zur ersten Auflage)

Frankfurt/M · Berlin · Bern · New York · Paris · Wien
Auslieferung: Verlag Peter Lang AG
Jupiterstr. 15, CH-3000 Bern 15
Telefax (004131) 9402131
*inklusive Mehrwertsteuer
Preisänderungen vorbehalten

FSC
www.fsc.org
MIX
Papier | Fördert gute Waldnutzung
FSC® C083411

Kolibri 360 GmbH
Ferdinand-Jühlke-Straße 7
99095 Erfurt, Deutschland
produktsicherheit@kolibri360.de

Druck:
CPI Druckdienstleistungen GmbH
im Auftrag der
Kolibri 360 GmbH
Ferdinand-Jühlke-Str. 7
99095 Erfurt